BANQUET RÉFORMISTE

D'EURE-ET-LOIR,

QUI A EU LIEU A CHARTRES LE DIMANCHE 24 OCTOBRE 1847.

EXTRAIT DU GLANEUR.

Dimanche dernier, une solennité a eu lieu à Chartres, dont nous devons religieusement garder le souvenir. Le département d'Eure-et-Loir a dignement répondu à l'appel que nous lui avions fait. Le banquet réformiste sera désormais une page de notre histoire; félicitons-nous avec un légitime orgueil. Conservateurs, vous nous avez lancé un défi; nous l'avons accepté. Vos sarcasmes, nous les avons méprisés; vos craintes nous ont fait sourire. Le banquet du 24 octobre, voilà notre réponse.

La liste contenait près de 500 souscripteurs, électeurs la plupart, et parmi lesquels on comptait trois membres du conseil général, plusieurs membres des conseils d'arrondissement, des maires et des conseillers municipaux, des officiers supérieurs, et un grand nombre d'officiers de la garde nationale, presque tous les fariniers de la vallée de l'Eure et de tous les points du département, les principaux cultivateurs du pays, sans compter les nombreuses adhésions qui nous sont parvenues.

La présidence avait été déférée, par la commission d'organisation, à M. Isambert, notre concitoyen, député de la Vendée et conseiller à la cour de cassation. Parmi les invités on comptait M. Vavin, député de Paris et secrétaire du comité polonais, M. Raimbault, député de Châteaudun, M. Victor Hennequin, de la *Démocratie pacifique*, M. Pagnerre et M. Buisson, du comité central des électeurs de la Seine. MM. Odilon Barrot, Gustave de Beaumont, de Tracy, Abattucci, Garnier-Pagès, et le général Subervic, député de Nogent-le-Rotrou, n'avaient pu se rendre aux invitations qui leur avaient été adressées.

La salle de spectacle s'est trouvée trop petite pour la manifestation du département d'Eure-et-Loir. Dimanche et les jours précédents, malgré l'annonce de la clôture des listes, il s'est présenté de nombreux souscripteurs, que malheureusement on n'a pu recevoir.

La salle présentait un coup d'œil magnifique. Elle était pavoisée de drapeaux tricolores, d'écussons et de devises patriotiques. Malgré la difficulté de trouver, pour la circonstance, un orchestre à Chartres, la *Marseillaise* n'en a pas moins retenti.

Quoique M. le maire de Chartres ait cru devoir refuser l'escouade de pompiers qui lui avait été demandée, la cérémonie s'est passée avec le calme qui convient à des citoyens qui protestent dans la limite de leurs droits.

A cinq heures, près de 500 convives se sont assis autour des tables du banquet. A ce moment, la salle ainsi peuplée, présentait un coup-d'œil imposant. Le président, les invités et les membres de la commission sont entrés aux sons de la *Marseillaise*. A la table d'honneur figurait un vieillard de 92 ans, garde national de 1789, le doyen peut-être des gardes nationaux. On remarquait encore un vieillard de 80 ans, M. Chancerel, ancien juge de paix à Courville, et ancien membre du conseil général.

Depuis le commencement du banquet jusqu'à la fin, grâce aux mesures prises par le comité d'organisation, le plus grand ordre a constamment régné. On nous a dit que l'autorité avait songé à prendre quelques mesures extérieures. C'était superflu; les souscripteurs du banquet réformiste d'Eure-et-Loir connaissaient leur droit, mais aussi leur devoir.

Durant le banquet, M. Pagnerre est monté à la tribune,

et a lu la pétition pour la réforme électorale, émanée du comité central de la Seine, et a engagé les souscripteurs au banquet à la signer avant de se séparer. Cette pétition a été couverte des signatures de tous les convives, à deux ou trois exceptions près.

A la fin du banquet, M. Antenor Isambert, avocat, fils de M. Isambert, député, est monté à la tribune, et, d'une voix vibrante, il a chanté cet hymne immortel, la *Marseillaise*, dont le refrain a été répété par toutes les voix de l'assemblée.

Ce chant terminé, on s'est retiré. Il était dix heures.

Nous allons reproduire les différents toasts et les discours prononcés dans cette soirée mémorable.

A l'ouverture du banquet, M. *Barthélemy*, président du comité, s'exprime en ces termes :

« Messieurs,

» Vous savez qu'une réunion spontanée de citoyens de Chartres a pris l'initiative d'un banquet pour provoquer la réforme électorale et parlementaire.

» Elle a nommé un comité qui s'est vu forcé de prendre à son tour l'initiative de toutes les mesures d'organisation.

» Aujourd'hui se termine sa mission.

» Citoyens représentants des arrondissements de Châteaudun, de Dreux et de Nogent-le-Rotrou, nos collègues et nos amis, nul de vous ne suppose que nous prétendions à aucune prééminence.

» Nous avons offert la présidence à M. Isambert, l'un de nos concitoyens, ancien député de deux arrondissements, qui n'a jamais oublié ses concitoyens d'Eure-et-Loir, et qui n'a jamais dévié des voies de l'ordre et de la liberté.

» Il s'est rendu de sa personne au domicile de M. le lieutenant-général Subervic, pour lui reporter la présidence que nous lui avions déférée ; l'absence si regrettable de ce vénérable doyen de notre députation a laissé les choses dans l'état où nous les avions placées provisoirement.

» C'est à vous de décider si vous ratifiez ce que la nécessité et les convenances nous ont paru dicter. »

— De toutes les parties de la salle : oui !.... oui !....

M. *Isambert* réclame la parole.

« Messieurs,

» L'organe envenimé de nos adversaires a cherché à faire de la présidence de votre banquet un sujet de dissidence ; c'est avec joie que j'offre à mon honorable collègue et ami, le député de Châteaudun, l'honneur qu'on a voulu me faire ; je ne suis plus rien en effet dans ce département, que par les souvenirs de mon enfance, par les encouragements qu'y a reçus ma jeunesse, par les services que j'ai cherché à lui rendre dans mon âge mûr, par le dévouement que j'ai mis à défendre ses libertés et ses intérêts pendant la courte période que j'ai eu l'honneur de représenter mon pays à la chambre des députés et au conseil général, et par la résolution où je suis de consacrer tout ce qui me reste de forces et de vie à me dévouer pour vous et avec vous à la défense de libertés si chèrement acquises et si vilainement compromises. (Applaudissements unanimes.)

» Il n'était pas besoin de me rappeler à la modestie ; heureuse ma patrie de posséder de si pieux soutiens de l'église militante et et des orateurs si illustres. Sans doute on leur élèvera des statues à la place de celles qu'attendent encore les illustrations de la révolution.

» Mais il est permis de s'indigner de l'audace avec laquelle on attaque, à l'aide d'une feuille subventionnée par les deniers de la police et entretenue par un injuste monopole, d'honorables citoyens, pour les punir de ne s'être pas laissé séduire par des caresses et pour avoir pris une généreuse initiative. (Bravo ! bravo !)

» On affecte de superbes dédains pour celui dont on se vantait autrefois d'être l'ami, dont on vantait les services pour en partager la récompense sans avoir partagé ses périls ; on parle de monomanie à combattre des chimères, quand les pouvoirs de l'Etat luttent si difficilement, dans la question de l'instruction publique, contre un ascendant qu'on a trop encouragé, et quand on fait de la religion métier et marchandise. (Applaudissements.)

» Mais c'est trop s'arrêter à de pareilles attaques ; que ceux qui ont pris part avec nous aux luttes de 1828 nous disent si la position n'est pas empirée, et si l'hypocrisie n'a pas fait des progrès avec la corruption. (Oui, c'est vrai.)

» Quant à moi, Messieurs, je trouverai toujours assez belle la place que vous me réserverez dans la guerre sans relâche qu'il faut faire aux renégats de la liberté, et aux gouvernements infidèles à leur origine. » (Bravo ! bravo !)

Au moment du dessert, M. *Lefebvre*, secrétaire de la commission d'organisation du banquet, monte à la tribune et donne lecture des réponses de MM. Odilon Barrot, Subervic, de Tracy, Gustave de Beaumont, Chambolle, Crémieux, Considérant, aux invitations qui leur ont été adressées.

Voici la réponse du général Subervic :

Au château de Parenchère, par Sainte-Foy (Gironde), le 12 octobre 1847.

« Messieurs,

» Je suis profondément reconnaissant de l'invitation que vous m'avez fait l'honneur de m'adresser. Il m'aurait été très-agréable d'y répondre si je n'étais retenu auprès d'un membre de ma famille qui m'inspire le plus vif intérêt. Mais si je ne puis me rendre au milieu de vous, je m'empresse de vous dire que je m'associe du fond de mon cœur aux sentiments patriotiques et généreux qui sont exprimés dans votre lettre. Comme vous, Messieurs, j'appelle de tous mes vœux une réforme qui puisse nous arracher à la condition misérable que nous subissons depuis si longtemps. Une réforme est le seul moyen de relever l'éclat de la France et de lui redonner le rang qu'elle n'aurait jamais dû perdre. Sans la réforme, nous gémirons toujours sous un honteux système qui nous déshonore aux yeux de l'étranger. Sans la réforme, point d'amélioration possible dans nos finances. Sans la réforme, nous supporterons sans cesse l'énorme fardeau des charges publiques qui accablent le pauvre comme le riche. Sans la réforme, point d'espoir de voir améliorer la situation pénible des classes laborieuses, si patientes, si dévouées et si dignes de la sympathie de tous les cœurs généreux. Enfin, Messieurs, la réforme est nécessaire à tous les intérêts : elle ramènera aux principes de moralité ceux qui les ont méconnus, et c'est par ce grand acte politique que nous pouvons espérer le bonheur, la prospérité et la grandeur de notre patrie.

« Recevez, Messieurs, l'expression de mes sentiments les plus distingués.

« Général SUBERVIC, *Député d'Eure-et-Loir.* »

Cette lecture est suivie de vifs applaudissements et de cris de vive le général Subervic !

Immédiatement après, M. *Isambert*, président du banquet, donne la parole à M. *Barthélemy*, qui monte à la tribune, et prononce le toast suivant :

« Messieurs,

» Quand de toutes les parties de la France s'élève le cri de la réforme, le département d'Eure-et-Loir devait s'associer par une manifestation publique à un vœu dont l'accomplissement ne saurait être longtemps différé, malgré le mauvais vouloir qu'on lui oppose.

» Les peuples sont patients parce qu'ils sont forts ; ils sont patients parce qu'ils sont éternels ; mais vient le jour où leur voix puissante se fait obéir, alors surtout qu'ils ne demandent que la justice. (Bravo!)

» Partout de scandaleux désordres se manifestent, chaque jour fournit son contingent de hideuses révélations : la France, naguère la première entre les nations, est abaissée, humiliée, et son gouvernement, reniant son origine, loin de venir en aide aux peuples qui aspirent à secouer le joug de la tyrannie, n'a de sympathies que pour les oppresseurs de leur liberté, et pense n'avoir plus qu'à monter au Capitole, alors qu'il peut dire : *l'ordre règne à Varsovie!* (Bravo! bravo!)

» A tant de maux, à tant de hontes, il n'est qu'un remède : la réforme électorale et parlementaire ; réforme tellement urgente, que des hommes justement recommandables, adversaires jusqu'à ce jour d'une mesure qu'ils jugeaient inutile ou du moins inopportune, sont venus publiquement confesser leur erreur et dire qu'en présence du refroidissement de l'esprit patriotique dans les colléges électoraux, qu'a remplacé l'esprit de trafic et de lucre, qu'en présence des moyens puissants et innombrables dont dispose un pouvoir corrupteur, ils s'étaient demandé si le moment n'était pas venu de largement réformer la loi électorale, cette loi reconnue imparfaite en 1831, et qui ne fut adoptée qu'à titre d'essai.

» La loi électorale réformée, en cessant d'exclure la capacité et l'intelligence, en admettant le plus grand nombre possible de citoyens à nommer ses représentants, en portant le vote au chef-lieu, rendra plus difficile, sinon impossible, la corruption, ce mal qui nous dévore. (Bravo!)

» La réforme parlementaire, en mettant une juste limite à l'invasion toujours croissante des fonctionnaires à la chambre, invasion que déjà en 1828 M. de Broglie signalait comme ayant produit des abus *énormes*, *monstrueux*, *intolérables*, ne permettra plus le honteux spectacle d'une majorité *satisfaite*, votant aujourd'hui pour un ministère, demain pour un autre, en vue de se maintenir en place ou d'obtenir un avancement presque toujours immérité. (Applaudissements.)

» Messieurs, ces manifestations de l'opinion, pacifiques et toutes légales, ne peuvent avoir que de salutaires effets. Cependant, dans un langage plein de perfidie, on s'est adressé aux agriculteurs, et faisant apparaître le fantôme de la loi du maximum et de la levée en masse, on a cherché, par la crainte de dangers imaginaires, à leur persuader qu'ils ont tout à perdre à la réforme électorale.

» Mais qu'a-t-on donc fait pour eux jusqu'à ce jour? la réponse est facile : rien. (C'est vrai.) Non, Messieurs, l'on n'a rien fait pour l'agriculture. Malgré le vote presqu'unanime de la chambre des députés, on a refusé la réduction de l'impôt du sel, de cette substance précieuse reconnue indispensable pour améliorer la race de nos bestiaux. Pendant dix-sept ans d'une paix profonde et d'une prospérité que l'on dit toujours croissante, l'impôt foncier, dont le lourd fardeau pèse plus particulièrement sur les agriculteurs, a été augmenté de plus de quarante millions, sans compter que fatalement l'état désastreux de nos finances forcera de l'augmenter encore. On n'a rien fait : car je ne parlerai pas de ces tardifs projets de fermes-modèles, projets si bien conçus, qu'on ne pourra peut-être pas les mettre à exécution.

» Messieurs, le gouvernement, foulant aux pieds les glorieux principes de 89 et de 1830, s'est jeté dans une voie pleine de périls. Joignons nos efforts pour l'arrêter pendant qu'il en est temps encore. Nous y parviendrons si, réunis par les liens de l'honneur et de la probité, nous marchons tous sous la même bannière, celle de la réforme électorale et parlementaire. (Vifs applaudissements.)

» A la réforme électorale et parlementaire! »

M. *Isambert* monte à la tribune au milieu des applaudissements de toute la salle et des loges, et prononce le discours suivant d'une voix émue, forte et accentuée :

« Messieurs,

» Je viens appuyer, en vertu d'une vieille et inébranlable conviction, le vœu de la *réforme électorale et parlementaire*, que j'ai proposée à la chambre des députés en 1835, et que l'expérience me démontre devoir être d'autant plus *étendue* qu'on la reculera davantage. (Approbation.)

» Messieurs, si la royauté, si le pouvoir exécutif quel qu'il soit, a besoin de prérogatives pour fonctionner, la nation, de qui tous les pouvoirs émanent! pour qui tous les pouvoirs sont institués! (bravo! bravo!), a besoin aussi d'être largement représentée pour conserver ses libertés acquises, pour accroître ses libertés *mal définies* et pour suivre la loi du progrès, qui est l'ordre providentiel des sociétés humaines.

» Il ne faut pas qu'on puisse la faire rétrograder ; il ne faut pas qu'on puisse l'exploiter au profit de ses fonctionnaires grands ou petits, qu'elle devienne la proie d'une famille ou d'une caste (bravo ! bravo !), ou que ses forces et ses ressources soient employées en sens inverse de son bonheur au dedans, de sa considération et de son influence au dehors.

» Quelles sont, Messieurs, les promesses faites à nos pères aux jours glorieux de 1789 et renouvelées si solennellement en 1830 ? Quels sont les droits garantis à la nation à ces deux époques mémorables, droits d'autant plus sacrés qu'ils sont le prix du sang versé par nos pères, et qu'ils ont été reconquis au prix du nôtre ?

» Je n'ai pas besoin d'aller les rechercher en dehors de la Charte réformée en 1830.

» Cette réforme fut le résultat de 15 ans de lutte contre un gouvernement tantôt astucieux, tantôt violent ; elle fut votée par les représentants les plus illustres de la chambre des députés, trop précipitamment peut-être (oui, oui), mais après une expérience suffisante et acceptée par une dynastie nouvelle ; elle fut garantie par un serment dont on oublie trop les termes, et qui résume toute la Charte.

« Je jure de ne gouverner que par les lois et suivant les lois ;
» de faire rendre bonne et exacte justice à chacun selon son
» droit, et d'agir en toutes choses dans la *seule* vue de l'intérêt,
» du bonheur et de la GLOIRE du peuple français. » (Vive sensation.)

» Ce serment fut confié à la fidélité de ministres, qui devaient être responsables de toutes ses infractions. (Oui, oui.)

» Sans doute, de louables efforts ont été faits d'abord pour accomplir les promesses de la Charte ; notre influence au dehors était grande ; la Pologne faisait sa révolution espérant en nous ; la Belgique se séparait de la Hollande ; l'Angleterre obtenait la réforme dont elle poursuit aujourd'hui fermement les conséquences ; nous prenions Anvers et Ancône ; nous garantissions à l'Italie ces libertés que lui refusait Grégoire XVI, et que la sagesse éclairée de Pie IX lui a déjà rendues en partie (très-bien, très-bien) ; l'Espagne obtenait une constitution, nous signions la quadruple alliance pour garantir sa liberté et celle du Portugal contre les deux représentants du pouvoir absolu ; les petits Etats d'Allemagne amélioraient leurs institutions ; la Suisse reformait son pacte fédéral et faisait un pas vers l'unité, qui seule fait la force.

» Dans l'intérieur, les lois organiques étaient présentées et discutées ; le régime municipal était fondé ; on faisait la loi sur l'élection des membres des conseils généraux et d'arrondissement ; la garde nationale, qui est le point d'appui de toutes les libertés à conquérir ou conquises, était partout organisée et partout fonctionnait. Vous voyez, par ce qui se passe en Italie et ailleurs, quel prix il faut y attacher ; c'est elle qui fait reculer les bataillons autrichiens. (C'est vrai, c'est vrai.)

» Ainsi, nous ne calomnions pas le passé de notre gouvernement. Nous savons rendre justice à tout ce qu'il a fait de national.

» Mais de funestes réactions sont arrivées ; on a divisé les amis des libertés réunis dans une seule pensée en 1830 ; non-seulement on s'est arrêté dans la voie du progrès, dans la consolidation de nos libertés, mais on a rétrogradé ; on s'est rapproché au dehors des gouvernements absolutistes ; on a refusé d'exécuter le traité de la quadruple alliance, et l'Angleterre s'en est vengée en 1840 par le traité qui nous a isolés en Europe, malgré nos avances; on a évacué Ancône et fait perdre tout espoir aux patriotes italiens, qu'on a livrés aux espions de l'Autriche et aux rancunes du parti jésuitique; on a commencé à tracasser la Suisse; on a abandonné la Belgique à elle-même et on l'a laissé dépouiller d'une grande province; on a méconnu le vœu réitéré des chambres en faveur de la nationalité polonaise; qu'est-il résulté de ces lâchetés (bravo! bravo!) : la destruction complète de notre influence en Orient; de vaines et *menteuses* protestations en faveur des chrétiens du Liban; les hontes de l'occupation de Taïti, le désaveu de notre amiral, l'indemnité Pritchard (bravo! bravo!); l'Espagne abandonnée à l'anarchie changeant sa constitution, gouvernée par des dilapidateurs et des hommes féroces, répandant le sang des progressistes par les sentences des commissions militaires; l'Angleterre prenant notre place, et le gouvernement français obligé d'avouer qu'il est l'adversaire de la cause du progrès; les États-Unis, cette grande nation, si prospère par le commerce et la liberté, presque menacée par nous, alors même qu'elle combat l'anarchie et la désorganisation au Mexique; l'abandon des Français de Monte-Video. (Très-bien, très-bien.)

» Il n'est qu'un point du globe où nous semblions défendre la cause libérale, c'est la Grèce, et on le doit à un ambassadeur qui s'est retiré des rangs des conservateurs.

» Vous savez en effet la grande scission qui s'est faite entre M. Guizot et ses plus illustres amis; ceux-là, après nous avoir combattus dans nos idées progressistes, sont revenus dans nos rangs; et ils regrettent plus ou moins les concessions qu'ils ont faites au pouvoir. (C'est vrai, c'est vrai.)

» La loi sur la responsabilité des ministres, après avoir été plusieurs années discutée, a été abandonnée; l'indépendance du jury, gravement modifiée par la honteuse mesure du vote secret (oui, oui); la presse soumise à des amendes équivalentes à des confiscations et à des cautionnements exorbitants, à un code inquisitorial dépassant les exigences de la Restauration elle-même, et si fécond en pénalités par des dispositions souvent contradictoires, que la presse ne pourrait vivre libre, si elles étaient exécutées et exécutables; le ministère choisissant à son gré, parmi les feuilles publiques, ceux qu'il veut rendre ses victimes; la presse départementale livrée aux entreprises du monopole, à l'aide d'une loi d'annonces qui a forcé la magistrature à scruter les opinions politiques, quand elle ne devrait voir que les droits acquis et les faits (très-bien, très-bien) : la presse départementale, on l'a vue aussi livrée sans défense au pouvoir censorial des évêques et presqu'excommuniée. (Rire général et applaudissements. On se tourne vers M. Sellèque, rédacteur du *Glaneur*.)

» On a dérogé à la Charte et aux droits du jury, en donnant à la chambre des pairs le jugement des délits de la presse, et aux tribunaux civils celui des plaintes des fonctionnaires.

» Pourquoi ceux-ci n'ont-ils pas confiance dans le jury, dans leurs concitoyens, que la Charte de 1830 a fait leurs juges, c'est, Messieurs, qu'ils sont de fait irresponsables; tout se tient dans les institutions; la Charte a voulu qu'une loi fût faite sur la responsabilité des agents du pouvoir, et par conséquent elle n'a pas voulu que le conseil d'Etat, simple donneur d'avis, d'après une loi récente, soumis aux ministres, qui se croient en droit de couvrir de leur responsabilité *imaginaire* les actes de leurs agents, restât le maître d'interdire aux citoyens lésés l'accès des tribunaux? Est-ce là en effet respecter le serment royal, qui veut qu'on rende *bonne et exacte justice à chacun selon son droit ?* (Non, non.) Quoi! les agents du pouvoir ne veulent pas se contenter de la garantie accordée aux magistrats et aux officiers de police judiciaire! Quoi! il faudra que nous subissions toujours cette règle insolente, qui frappe la justice d'impuissance quand il s'agit d'une classe innombrable d'agents du gouvernement, depuis le garde garde champêtre jusqu'au ministre! (Bravo! bravo!) Et vous vous étonnez que les citoyens dépourvus de garantie abusent quelquefois de la liberté de la presse pour se plaindre! (Vive approbation.)

» Vous savez, Messieurs, que des propositions ont été faites à la chambre pour faire exécuter cet article de la Charte! Vous savez qu'on n'en a pas même permis la lecture, sous prétexte qu'il n'y avait rien à faire. *On était* SATISFAIT! (Très-bien, très-bien).

» De là, Messieurs, ces dilapidations (oui, oui) qui se succèdent et dont les véritables auteurs sont rarement atteints; on a fait quelques exemples quand le scandale a été trop grand; et cependant combien de procédures entravées! combien de révélations étouffées : on espère bien, l'émotion publique une fois passée, rentrer dans cette douce quiétude de l'irresponsabilité générale des agents du pouvoir? (Bravo! bravo!)

» On a bravé les enquêtes parlementaires, on a replacé ou même récompensé ceux qui avaient notoirement porté atteinte à la souveraineté nationale lors des élections : pourquoi les agents des ministres auraient-ils des scrupules, quand, oubliant le rôle de neutralité qui leur fut prescrit par des actes solennels, après la révolution de 1830 (nous en avons été les témoins dans ce département surtout), les ministres leur adressent des circulaires menaçantes pour la conscience des employés et fonctionnaires, et les encouragent par leur correspondance à faire une guerre à outrance à tout ce qui se produit sous les couleurs de l'opposition!

» N'a-t-on pas vu les ministres avouer en pleine chambre avoir violé les lois, sans que la majorité s'émût de la violation du serment royal, et les obligeât à demander au moins un bill d'indemnité? (Oui, oui.)

» Combien de gardes nationales dissoutes et non réorganisées dans l'année? La liberté des cultes violée en la personne des dissidents, constatée par des votes de la chambre, tandis qu'on favorisait le rétablissement des jésuites et des ordres monastiques, et qu'on forçait la chambre de rappeler le gouvernement à l'exécution des lois. (Oui, oui.)

» La loi contre les associations n'est faite, apparemment, que contre les partisans des libertés publiques; elle se tait quand il s'agit de leurs ennemis; on insère avec pompe au *Moniteur* les encouragements princiers donnés à l'un de ces ordres prohibés par les lois (la Trappe, la Trappe); et on tracasse les citoyens sur le droit qu'ils ont de s'assembler pour traiter de leurs intérêts.

» On n'a pas su rattacher les véritables pasteurs des peuples, le clergé du second ordre, à notre glorieuse révolution, en consacrant leurs droits et leur état; on les a livrés sans merci à l'arbitraire d'un pouvoir irresponsable qui, comme le sénat de Venise, ne procède qu'en secret. On a fait à ce pouvoir des avances imprudentes, des concessions téméraires, dont on n'a aperçu que depuis peu le danger par moi signalé d'avance, avec quelque courage et quelqu'intelligence peut-être (mouvement); on cherche à le gouverner par l'institution nouvelle du chapitre et d'un primicier (grand aumônier ou patriarche) qui prendra la place du ministre des cultes responsable. (Applaudissements.)

» On a rendu (dix années de tentatives avortées, deux rapports de commissions l'attestent) la loi sur la liberté de l'enseignement, promise par la Charte, presqu'impossible. On a compromis l'avenir de ces jeunes talents, de ces intéressants pères de famille qui font tant d'honneur à l'Université, et auxquels nous sommes si redevables pour l'instruction de nos enfants. (Bravo! bravo !)

» Est-ce là ce que nous avait promis la glorieuse révolution de 1830, accomplie si paisiblement et si remarquable par l'unanimité des vœux de la nation, tant le pouvoir déchu était flétri par son parjure? Nous espérions surtout un gouvernement à bon marché, et nous avons un gouvernement *dilapidateur*. (Grands applaudissements.)

» J'appelle dilapidateur un gouvernement qui, après dix-sept ans de paix, n'a fait que des dettes, et ne fait que des emprunts sur l'avenir, quoiqu'il ait augmenté les impôts de plus de cinq cents millions ; un gouvernement qui n'a point augmenté les forces militaires et navales de la France, dont les arsenaux maritimes sont vides, qui ne fait que créer des sinécures. (Bravo ! bravo !)

» J'appelle *dilapidateur* un gouvernement qui ne sait que multiplier et éparpiller les emplois ; augmenter les paperasses de la bureaucratie, sans expédier les affaires du pays; qui emploie les bâtiments et les subventions de l'Etat, pour procurer des promenades amusantes à MM. les écrivains des feuilletons, afin qu'ils le leur rendent en éloges (bravo ! bravo !); à donner des missions prétendues diplomatiques à tous ceux de ses amis qui veulent voyager aux dépens de l'Etat; qui subventionne largement la presse et ce qu'il y a de plus ignoble parmi les écrivains, afin d'outrager ses adversaires politiques, et qui est quitte ensuite pour les désavouer, et les envoyer à nos frais quelque temps à l'étranger (Granier-Cassagnac Bravo ! bravo !)

» Souvent, il est vrai, les ministres sont punis par où ils ont péché; c'est par les papiers saisis chez leurs journalistes qu'on a découvert les plaies les plus hideuses de la corruption qui nous dévore, celles qu'on n'ose livrer aux tribunaux, malgré les révélations parlementaires ! (Très-bien, très-bien.)

» Ah ! Messieurs, à quel degré d'avilissement ne sommes-nous pas descendus ! Vous, honnêtes et laborieux pères de famille, qui alimentez les caisses de l'Etat de lourds subsides prélevés sur vos travaux, souffrirez-vous, quand vous pouvez l'empêcher, qu'on vous pille pour déshonorer la France, pour déshonorer notre époque. (Non, non.)

» Et n'est-ce pas pour y remédier surtout qu'elle est nécessaire, qu'elle est urgente, la *réforme électorale et parlementaire!* Ah ! pourquoi tous les bons citoyens qui la veulent au fond de leurs cœurs, qui nous le témoignent dans nos communications avec eux, pourquoi ne mettent-ils pas de côté quelques scrupules et le souvenir de quelques dissidences, pour solliciter avec nous une si bienfaisante réforme ! (Très-bien, très-bien.)

» A-t-on jamais rien obtenu des gouvernements aveuglés et entraînés par la vanité des hommes d'état qui ne veulent pas reconnaître leurs fautes sans de grandes et imposantes manifestations ! (Rien, rien, rien.) Je vous le demande, l'Italie serait-elle en progrès, si des patriotes ne faisaient entendre d'un bout à l'autre de la Péninsule des cris unanimes de réformes ? Que pourrait le sage Pie IX, inspiré par les saintes maximes de la charité chrétienne et par les devoirs que lui impose sa qualité de souverain (Très-bien, très-bien.), si la voix du peuple, cette voix si bien appelée *la voix de Dieu*, ne secondait ses efforts et ne lui criait : courage Saint-Père, courage ? (Vive sensation, longs applaudissements) si cette voix ne trouvait de l'écho en Toscane, à Lucques, en Piémont et dans les malheureuses contrées de Naples et Sicile ? (Très-bien, très-bien.)

» La nation prussienne serait-elle arrivée aux concessions que lui a faites son souverain, serait-elle à la veille d'en obtenir d'autres et de se constituer nation libre comme la nôtre, s'il ne se trouvait dans son sein des hommes éclairés et courageux, insensibles aux caresses de la cour ?

» L'absolutisme qui abrutit la nation autrichienne aura-t-il un terme, si la Bohême et la Hongrie ne savent résister aux desseins machiavéliques de Metternich, l'allié de M. Guizot, reprendre et amplifier leurs anciennes libertés. (Très-bien.)

» Et nous-mêmes, Messieurs, que serions-nous sans le courage de nos pères (Oui, oui.) ? enfants dégénérés d'une nation si brave et si généreuse, nous ne saurions pas faire efforts pour reconquérir les libertés qu'on nous ravit de jour en jour, pour purger la patrie de toutes les impuretés qui la salissent, pour restituer au drapeau français la gloire dont il a été si souvent le glorieux emblême (Vifs applaudissements.) ; nous souffririons qu'une politique égoïste, lâche envers les forts, menaçante vis-à-vis les faibles, vende les armes de nos arsenaux, et alimente la guerre civile en Suisse pour empêcher nos voisins de chasser les jésuites, que nous avons chassés nous-même et toute l'Europe, et le saint-siége lui-même avec nous, et de faire un pas de plus vers cette unité gouvernementale qui fait notre force et qui ferait de la Suisse une nation.

» Ah ! réunissons-nous pour changer les majorités *satisfaites* d'un ordre de choses si antipathique à nos sentiments de 1830, aux sentiments manifestés avec tant d'enthousiasme et de courage par nos pères en 1789.

» Réunissons-nous pour faire exclure de la chambre élective cette masse de fonctionnaires, de commis des ministres, d'aides-de-camp, de fournisseurs et d'exploiteurs de la fortune publique. (Bravo ! bravo !) Savions-nous, en 1830, qu'on pouvait faire un si perfide abus du droit de nommer à tous les emplois publics, et qu'on augmenterait les budgets d'année en année par centaines de millions.

» Etendons le cercle des incompatibilités ; que jamais l'homme ne soit placé entre sa conscience et son intérêt ; ne comptons pas sur l'héroïsme des *Dupont de l'Eure* (Non, non.) : ce sont-là de rares exceptions. (Oui, oui.)

Affaiblissons l'influence exhorbitante du ministère en augmentant le chiffre des députés ; l'Angleterre, moins peuplée, en a plus de six cents, un tiers de plus : nous y trouverons l'occasion de réparer bien des inégalités territoriales.

» Hâtons-nous de supprimer les colléges trop fractionnés, ou donnons-leur un *minimum* qui ne permette pas à la corruption d'acheter les votes, comme les arrêts de la justice l'ont malheureusement constaté, et de marcher le front levé.

» Quand la Charte de 1830 a effacé le chiffre immuable qui bornait le nombre des électeurs aux censitaires de 300 fr., elle a voulu le progrès avec l'éducation politique ; la loi qui a abaissé le cens à 200 fr. n'a pas prétendu créer des majorats bourgeois (Non, non.), établir une nouvelle noblesse (Non, non.) à la place de celle qui comptait cent mille têtes en 1789, mais qui ne fut du moins représentée que pour un sixième aux états-généraux.

» Si de l'aveu unanime, l'exclusion des capacités, que j'appelle les notables, fut l'effet d'une méprise ou d'une erreur, pourquoi cette injustice n'a-t-elle pas été réparée depuis longtemps ? Le privilége des censitaires est-il fondé lui-même autrement que sur une présomption de lumière et d'indépendance résultant d'une fortune sagement administrée ou acquise par d'honorables travaux !

» N'y a-t-il pas d'immenses avantages à étendre le cercle des citoyens exerçant des droits politiques ; quoi ! une nation de 34 millions d'hommes serait suffisamment représentée par 200 et quelques milles citoyens, quand les 25 millions d'anglais ont plus d'un million d'électeurs! quoi ! nous n'oserions toucher à une loi précipitamment votée en 1831, quand l'Angleterre, qu'on prétend pourtant si attachée à ses vieilles institutions, retouche son bill de réforme de deux en deux ans.

» Il y a progrès, disent nos adversaires, dans le chiffre ; oui, mais ce progrès ne résulte que de l'augmentation des budgets ; pour avoir 300 à 400,000 électeurs, il faudrait payer un milliard de plus ! Est-ce de ce progrès que vous voulez ? (Non, non. — Applaudissements.)

» Nous ne sommes pas assez aveugles pour vouloir du suffrage universel ; car il suffit de jeter les yeux sur les petits états de la Suisse, ce qu'on appelle le *Sunderbund*, soulevés contre la diète, pour apercevoir le danger que court la liberté dans les mains de masses incapables de la comprendre et fanatisées par leurs prêtres. (Très-bien, très-bien.)

» Mais pourquoi ne donnerions-nous pas dès à présent à la classe ouvrière accès aux colléges électoraux par leurs prud'-hommes ?

» Je m'arrête ; nous ne voulons point formuler de système, afin de n'exclure aucune opinion ; nous voulons laisser à la législature la réalisation de nos vœux.

» Pourquoi donc toutes ces clameurs contre les banquets ? pourquoi tant de tracasseries pour entraver nos réunions ? Sommes-nous, oui ou non, un peuple libre, un peuple émancipé ? (Très-bien, très-bien.)

» Ce n'est pas un appel au génie des révolutions que nous faisons ; si tel était notre secrète pensée, nous laisserions marcher le *système* ; car les hommes qui le dirigent, égarés par leur vanité et par la confiance qu'ils ont mise en eux-mêmes, l'auraient bientôt mené à sa perte ; mais nous en avons fait l'expérience, nous savons comment on les exploite (Bravo ! bravo !), comment on les détourne de leur but. (C'est vrai, c'est vrai.)

» Donc, pour ne pas abuser plus longtemps de votre bienveillance, je porte un toast à la *Réforme électorale et parlementaire*, seul moyen de salut qui nous reste contre le retour des révolutions. (Applaudissement général.) »

L'orateur, en retournant au fauteuil de la présidence, reçoit de tous côtés les marques de la plus vive sympathie.

La parole est à M. *Vavin*, député de la Seine, secrétaire du comité polonais.

A ce nom, des applaudissements éclatent dans toute la salle, et les cris de : vive les députés de Paris! vive la Pologne! vive Vavin! se font entendre de toutes parts.

Lorsque le silence est rétabli, M. *Vavin* s'exprime en ces termes :

Messieurs,

« L'accueil si flatteur et si bienveillant qui m'est fait ici, l'émotion profonde que j'en éprouve ne me laissent pas le choix de mon exorde. Il m'est impossible de ne pas commencer par vous remercier au nom de l'héroïque et malheureuse Pologne, si chère à tous les hommes de cœur, au nom des députés de Paris que vous venez d'honorer de vos applaudissements, en mon nom personnel enfin. Merci donc, Messieurs, mille fois merci et pour eux et pour moi, qui, quoiqu'étranger au département, ai reçu l'honorable invitation de m'asseoir à ce banquet, et qui y suis accueilli avec tant de cordialité et de sympathie. (Bravo! bravo!)

» Non, Messieurs, jamais cette circonstance ne s'effacera de ma mémoire ; si elle est une récompense du passé, elle est aussi pour l'avenir un encouragement à persévérer dans la ligne politique où m'ont placé de tout temps mes sentiments les plus constants, mes convictions les mieux arrêtées, si bien d'accord avec les sages idées des réformes qui font l'objet de cette imposante réunion. (Bravo! bravo!)

» C'est au milieu des indignations et des inquiétudes que devait causer le spectacle des scandales nés de la corruption, de la corruption, cette plaie mortelle pour la société, et dont cependant une pensée coupable voulait faire un élément de la vie politique, que ce mot de réforme fut prononcé (Très-bien, très-bien.); dédaigneusement repoussé d'abord par le pouvoir comme n'étant, pour ainsi dire, que l'expression d'une fantaisie parlementaire, il fut bientôt répété d'un bout de la France à l'autre, et il devint le mot d'ordre et de ralliement de tous ceux qui veulent sincèrement le règne des lois, l'honnêteté des mœurs, la probité, la justice dans les rapports du pouvoir avec les citoyens, l'affermissement progressif de nos institutions. (Applaudissements.)

» La ville de Chartres devait figurer au rang des villes qui, par une manifestation calme, modérée et puissante à la fois, assurent le succès de la réforme et l'exécution de la volonté nationale.

» Honneur à ceux qui ont organisé cette réunion! ils ont bien mérité de la chose publique. (Oui, oui; bravo! bravo!)

» Et en effet, c'est dans de telles assemblées, congrès imposants d'hommes libres et sages, que se retrempe le patriotisme. C'est là que la grande voix de la France se fait entendre, non-seulement pour donner d'utiles renseignements au pouvoir, mais encore pour proclamer au monde qu'elle n'est point complice des fautes commises en son nom ; et que ces sentiments qui la distinguaient autrefois et la recommandaient à l'amour des nations, sentiments chevaleresques d'honneur, de désintéressement, de dévouement aux opprimés, l'animent toujours (Applaudissements prolongés, vive approbation.); c'est dans de telles assemblées que peut le mieux s'exprimer le vœu national.

» En fut-il jamais de plus saint que celui que nous répétons aujourd'hui (C'est vrai, c'est vrai.); tout échange égoïste et immoral entre le pouvoir et les électeurs ou les députés, nous demandons qu'il cesse. (Voix nombreuses : *il le faudra bien !*)

» Cette corruption, qui tour à tour descend des rangs les plus élevés dans les rangs moyens, et remonte de ceux-ci dans les rangs supérieurs, qui s'infiltre partout, qui empoisonne tout et qui finirait par livrer votre nom au mépris du monde, nous demandons que la source en soit tarie. (Très-bien, très-bien.)

» Nous ne sommes pas les hommes d'un parti. (Non, non.) Dans l'intérêt de notre pays, comme dans l'intérêt de la civilisation et de la liberté, et aussi dans l'intérêt plus restreint mais également respectable de nos familles, nous voulons la conservation des principes et des institutions que Juillet a consacrés. (Bravo! bravo!)

» Par les voies légales et pacifiques, nous demandons la réforme et nous la demandons avec instance, parce que l'histoire est là avec ses enseignements sévères qui nous dit : « Rappelez-vous 1789, — rappelez-vous 1830, — rappelez-vous la Pologne. » Les nombreux et mortels abus rongeaient ce grand et glorieux état, les bons citoyens voulaient les réformer; mais par l'effet de la politique la plus perfide, la plus exécrable, les puissances voisines, qui convoitaient ses dépouilles, empêchèrent les réformes, et l'héroïque Pologne qui jadis avait sauvé la chrétienneté et avait préservé l'Europe de l'invasion des Barbares, fut déchirée, perdit sa nationalité, et depuis 60 ans elle est condamnée à se débattre dans d'affreuses convulsions, jusqu'au jour où, je l'espère, elle se relèvera et renaîtra puissante, cette digne et bien aimée sœur de la France. (Des applaudissements éclatent avec force de toutes les parties de la salle, et empêchent longtemps l'orateur de continuer.)

» Oui, Messieurs, rappelons-nous-le bien : quand de graves abus existent dans un pays et sont dénoncés par l'opinion, si la réforme n'en est pas sagement accordée par le pouvoir, ou elle lui est bientôt arrachée au milieu des tempêtes d'une révolution, ou le pays est perdu. (Vive sensation.)

» Promettons donc, Messieurs, de demander pacifiquement, mais avec insistance et jusqu'à ce que nous l'ayons obtenue, la réforme qui est le but de notre réunion. (De toutes parts, oui, oui, nous le jurons!)

» Cette réforme n'est pas, soyez-en bien convaincus, Messieurs, une vaine et stérile utopie. Avec elle viendra nécessairement une direction meilleure, une administration plus sage, plus prévoyante et plus féconde de nos intérêts généraux : les protéger, les surveiller, les faire prospérer était une mission sacrée pour le pouvoir, et il lui faisait sonner bien haut l'importance : mais au lieu de remplir cette mission, il a propagé, il a développé le culte des intérêts particuliers, il a en quelque sorte invité, poussé tous les citoyens à cette ample curée de places, d'actions, de gains plus ou moins illicites : sacrilège et fatale impulsion! Vous savez quelles en sont les conséquences. (Applaudissements.)

» Mais au milieu de toutes ces entreprises, au milieu de toutes les prodigalités du pouvoir, on se demande : qu'ont-ils fait pour l'agriculture? Et, en traversant vos riches plaines, on s'étonne de les voir encore isolées de la capitale par l'absence des chemins de fer. Oui, ces provinces de l'Ouest qui pour la France sont, en temps de paix, ses greniers d'abondance, et seraient, en temps de guerre et en cas d'invasion, ses réserves et sa sûreté, devraient depuis longtemps déjà être reliées à Paris : ce retard est une injustice que reconnaissent tous les bons esprits; heureux si, pour ma part, je puis contribuer à la faire bientôt cesser. (Bravo! bravo!)

» Excusez-moi, Messieurs, de vous avoir parlé un instant des intérêts spéciaux de vos provinces, je ne l'ai fait que parce qu'ils se rattachent aux intérêts généraux de la France. (Très bien, très-bien.) Ces intérêts généraux, ces éléments de grandeur et de force de notre patrie, veillons sur eux, mais n'en désespérons pas;

pour l'avenir du monde, le génie de l'humanité les protège et les sauvegarde.

» Dieu a si bien doté la France, qu'elle sort victorieuse de toutes les épreuves et résiste à toutes les attaques du mauvais principe. (Bravo ! bravo !)

» De coupables et honteuses manœuvres ont eu lieu dans les élections ; par suite des symptômes de corruption dangereuse se sont manifestés ; mais soudain la réaction a lieu ; la France qui s'éveille et s'agite au moindre souffle qui peut ternir son honneur, s'indigne et écrase la corruption sous le poids de son indignation, et pour faire bonne et prompte justice elle demande la réforme, — elle l'aura ! (oui, oui ; bravo ! bravo !)

» L'année dernière, la pénurie désolait nos villes et nos campagnes ; la terre de France n'avait pas de quoi nourrir ses habitants, et cette année, nos moissons providentiellement abondantes, nos arbres pliant sous le poids de leurs fruits, ont rendu à nos concitoyens l'espoir et la sérénité, en bannissant pour longtemps toute crainte de la disette:

» Notre commerce, que tant de causes ont fait souffrir, qui a été environné de tant d'incertitudes et de périls, résiste, et à côté de ces pays dont on exaltait si vivement naguère les ressources et la puissance financières, et où tout aujourd'hui, sous ce rapport, n'est que désordre et confusion, il remplit fidèlement tous ses engagements, il domine tout par son exactitude et sa sagesse. Certes, ce sera pour le commerce français un éternel honneur, un titre incontestable à l'estime, à la confiance universelle, que d'être resté debout au milieu des décombres et des ruines des banques et des établissements étrangers.

(Les applaudissements et les cris : *Vive le commerce français !* interrompent longtemps l'orateur.)

» Oh ! oui, la France a, sous le rapport moral comme sous le rapport matériel, d'inépuisables ressources.

» L'illustre Pie IX, ce souverain doué d'un grand et noble cœur, en même temps que d'un esprit sage et résolu, disait, il y a quelques jours :

« Ne soyez pas inquiets, j'ai une puissance morale que les » canons de l'Autriche n'abattront pas. » (Bravo ! Bravo ! Vive Pie IX !)

» Nous pouvons dire aussi, nous : Ne craignons rien, la France a une énergie vitale, une grandeur morale que ne parviendront à abattre ni les efforts de ses ennemis ni même les méfaits de ses gouvernants, et auxquelles est intéressée la cause de la civilisation et de la liberté. (Bravo ! bravo !)

» En terminant, Messieurs, permettez-moi de porter ce double toast :

A la grandeur et à l'avenir de la France ; à la restauration de l'indépendance et de la liberté chez les nations qui en sont dignes, telles que l'Italie et la Pologne ! »

(Après ce discours éclatent de nombreuses marques de sympathie ; les applaudissements et les cris : vive le député de Paris ! vive Vavin ! se font entendre pendant longtemps.)

M. LE PRÉSIDENT. — La parole est à M. *Raimbault*, l'honorable député de Châteaudun.

M. *Raimbault* monte à la tribune, où il est accueilli par de vives acclamations, et prononce les paroles suivantes :

Aux Réformes financières.

« Messieurs,

» Après les discours remarquables que vous venez d'entendre, il me reste peu de choses à ajouter.

» Toutefois, permettez qu'à la suite des toasts pour les réformes politiques, je hasarde un modeste toast en faveur des réformes financières, qui intéressent le bonheur du peuple.

» On lui promettait en 1830 un gouvernement à bon marché, et depuis 1830, le budget, alors d'un milliard, s'est grossi de moitié. Chaque année, une chambre, composée en grande partie de fonctionnaires publics, augmente le traitement de ces derniers, sans se préoccuper assez des charges que ces augmentations imposent au pays. (C'est vrai, bravo!)

Quelque voix se fait-elle entendre en faveur des contribuables, le ministère présente le plus brillant tableau de nos ressources financières. — La France est riche, elle peut se montrer généreuse.

» Puis le lendemain, si quelque autre voix s'élève pour réclamer un allègement d'impôts en faveur des classes de la société les plus dignes d'intérêt, le même ministère, se jouant audacieusement du bon sens public, repousse ces propositions comme inopportunes, en présence de la pénurie du trésor.

» C'est ainsi que, malgré le vote réitéré et presque unanime de la chambre des députés pour la réduction de l'impôt du sel, et pour le remboursement ou la réduction de la rente cinq pour cent; malgré le vœu également unanime de la commission pour la réforme postale, le gouvernement a sans cesse ajourné ces améliorations si vivement réclamées au nom du pays.

» Le temps des déceptions et des vaines promesses est passé. Puisse l'être également celui de la corruption, dont les scandaleux abus ont signalé ces derniers temps d'une manière si déplorable. (Bravo!)

» En démoralisant une nation par l'influence des intérêts matériels, on peut la gouverner quelque temps, mais on ne parvient ainsi à assurer ni la sécurité du trône ni le bonheur du peuple.

» Refoulés d'abord, les sentiments généreux se font bientôt jour. — Comme il arrive aujourd'hui en France, l'esprit public se réveille : les abus sont poursuivis, une réaction favorable se manifeste.

Profitons, Messieurs, de ces circonstances. Que les citoyens amis de la pureté de nos institutions constitutionnelles se réunissent, pour s'occuper des affaires publiques avec calme et modération ; qu'ils dénoncent et poursuivent les abus devant le tribunal de l'opinion publique et aussi devant les tribunaux ordinaires ; que des pétitions en faveur des réformes se couvrent de signatures ; et bientôt nous verrons les timides reprendre courage, les tièdes se réchauffer au feu sacré de l'amour de la patrie. Partout, dans cette France généreuse, les sentiments d'honneur et de vertu viendront remplacer ce honteux égoïsme trop longtemps exploité au détriment de la morale publique. (Bravo!)

» Le jour n'est pas éloigné, je l'espère, Messieurs, où en présence de ces manifestations de l'opinion publique, le gouvernement comprendra qu'il est des vœux et des besoins légitimes dont on ne peut indéfiniment ajourner la satisfaction.

» J'ai l'honneur de vous proposer un toast *aux réformes financières.* » (Applaudissements! Vive M. Raimbault!)

M. LE PRÉSIDENT. —La parole est à M. *Lefebvre*, secrétaire du comité d'organisation du banquet.

M. *Lefebvre* est également accueilli par de bruyants applaudissements.

J'ai l'honneur, dit-il, de proposer un toast au comité central des électeurs de l'opposition.

M. Lefebvre rappelle le service du comité *aide-toi le ciel t'aidera*, et signale ceux du comité central actuel des électeurs de Paris, et il termine ainsi :

« Non, non, la liberté ne s'accommode pas de l'indifférence de l'individualisme, il la faut conquérir ; conquise, il faut veiller, veiller toujours à sa conservation, et c'est parce que, trop confiant, le libéralisme s'est pour ainsi dire licencié, laissant chacun suivre les inspirations de son égoïsme, que nous sommes réduits à recommencer une lutte qu'il nous était permis en 1830 de croire désormais terminée.

» Luttons donc, puisqu'on le veut ; combattons tant que nous n'aurons pas obtenu les réformes électorale et parlementaire, qui nous donneront enfin une représentation nationale, tant que le parlement n'aura pas fait surgir de son sein des ministres gardiens vigilants de la dignité, de la fortune, de la gloire de la France. (Applaudissements.)

» Que d'aujourd'hui, Messieurs, chacun de nous cesse de s'endormir dans une fatale oisiveté ; ne croyons pas avoir fait quelque chose en assistant à cette patriotique réunion ; non, Messieurs, nous n'avons rien fait si nous ne persévérons, si nous n'organisons notre résistance au pouvoir corrompu qui nous oppresse, si nous ne fondons pas dans chaque ville, dans chaque canton, dans chaque commune pour ainsi dire, des comités chargés de préparer nos luttes futures, chargés de combattre l'égoïsme, l'individualisme ; des comités qui feront inscrire les négligents, enhardiront les timides, éclaireront tous sur leurs intérêts et sur leurs devoirs, chercheront enfin à imiter, dans leur sphère étroite, l'utile exemple que nous donne le comité central. (Bravo !)

» Sans doute à cette œuvre seront attachés, non pas des dangers, mais des contrariétés, des ennuis ; on ne lui épargnera ni difficultés, ni sarcasmes, ni calomnies ; mais la liberté, Messieurs, ne vaut-elle donc pas quelques sacrifices ? (Bravo !)

» Nul de nous ne reculera devant ces légers inconvénients, et je suis certain de trouver de l'écho dans vos cœurs en répétant ces paroles de l'orateur romain :

« A la tranquille sécurité de l'esclavage je préférerai toujours,
» quelqu'orageuse qu'elle puisse être quelquefois, je préférerai
» la liberté. (Applaudissements.)

» Je bois au comité central ! » (Bravo ! au comité central !)

M. *Pagnerre*, secrétaire du comité central des électeurs de l'opposition de la Seine, succède à la tribune à M. *Lefebvre*.

Des applaudissements prolongés l'empêchent pendant quelque temps de pouvoir se faire entendre. Enfin, d'une voix chaleureuse, pénétrante, il prononce le discours suivant, souvent interrompu par les plus vives acclamations :

« Messieurs,

» Jusqu'ici, les manifestations en faveur de la réforme électorale et parlementaire ne s'étaient produites que dans les collèges qui nomment des députés indépendants. Il semblait que là où l'opposition avait été vaincue, elle dût toujours courber la tête. Votre patriotisme s'est indigné de cette facile résignation, et c'est au sein d'une ville qui, depuis 16 ans, avec une malheureuse persévérance, fournit à des majorités serviles son trop fidèle contingent, qu'éclate aujourd'hui le cri de réforme. (C'est vrai, très-bien, très-bien.)

» Il vous tardait, je le vois bien, de repousser par d'énergiques protestations la complicité des actes qu'on approuvait en votre nom? (Oui, oui, applaudissements unanimes.)

» Le banquet de Chartres reçoit ainsi une double signification : vous rejetez, Messieurs, toute solidarité avec le parti de la corruption et de la peur, et vous venez prendre votre place dans le mouvement qui commence à réveiller le pays.

» C'est qu'il y a quelque chose d'imposant et de sérieux dans ces manifestations successives qui se propagent de ville en ville, dans ces insurrections pacifiques qui remuent les esprits. (Très-bien, très-bien.) Amis et ennemis savent ce que nous voulons ; car, forts de notre droit, pénétrés de nos devoirs, nous ne craignons pas de le proclamer et de le répéter. (Bravo! bravo!)

» Affranchir le pays en arrachant le pouvoir des mains d'une faction qui, dans le seul intérêt de sa conservation, a trahi la liberté, profané la justice, persécuté la presse, exploité l'émeute, abaissé la morale, énervé la virilité de la France, compromis son honneur et dissipé ses trésors (acclamations unanimes, triple salve d'applaudissements);

» Remettre la nation en possession de sa souveraineté par l'application vraie et complète du système représentatif (c'est cela, très-bien);

» Substituer à un gouvernement personnel sans contrôle et sans responsabilité le gouvernement du pays par le pays (vive approbation); à des majorités frauduleuses, racolées par les ministres (tonnerre d'applaudissements), des majorités sincères qui fassent les ministres;

» Opposer l'honnêteté à la corruption, l'égalité au privilège, la liberté à l'arbitraire et l'ordre à l'anarchie (applaudissements);

» Enfin, Messieurs, selon l'expression d'un grand orateur, « recommencer ce que l'on a manqué en Juillet » (vive sensation, applaudissements prolongés); voilà le sens et le but des agitations d'aujourd'hui. (Voix unanimes : c'est vrai, c'est bien cela.)

» Et qu'il nous soit permis de le dire : en adoptant ce programme, en prenant l'initiative du mouvement, le comité central des électeurs de la Seine ne s'est pas dissimulé les hasards d'une telle entreprise. Comment donner de l'unité aux plaintes de diverses natures? Comment discipliner le mécontentement et, à la fois, réchauffer les cœurs tièdes et retenir les impatients? L'indignation est souvent trop rapprochée de la violence, et on a dit, vous le savez, qu'en France il était plus facile de faire une révolution que d'obtenir une réforme. (C'est vrai, c'est vrai.) Le comité n'en a pas ainsi jugé; il a pensé que l'on pouvait espérer encore dans les moyens que nous laisse une étroite légalité. (Voix nombreuses : nous pensons comme lui.)

» L'agitation légale est sans doute un fait nouveau dans la vie politique de notre pays; c'est une arme inaccoutumée, mais dont les coups sans cesse répétés doivent assurer la victoire. Elle n'exclut d'ailleurs ni l'étendue des espérances ni la vigueur des résolutions, et si l'indignation publique consent à régulariser son action., il n'y a rien là qui puisse affaiblir son essor. (Bravo ! bravo !)

» Croit-on que les manifestations multipliées de l'opinion, que les accents répétés de la volonté nationale restent toujours impuissants? (Non, non.) Croit-on que la voix du peuple soit un cri dans le désert? (Bravos prolongés !) Ah ! s'il en était ainsi, si tant de protestations demeuraient superflues, ce n'est pas nous du moins qui serions responsables des périls de l'avenir; car les avertissements n'auraient pas manqué avant que la nation fit usage de sa force et de sa justice! (Sensation profonde, applaudissements universels.)

» Mais déjà la tâche la plus difficile est accomplie : une même pensée, un même vœu, une même action réunit tous les hommes de l'opposition. (Oui, oui.) S'il y a chez des ministres pervers accord pour faire le mal, il y a, Dieu merci! chez les citoyens honnêtes accord pour l'empêcher. (Très-bien, très-bien.) La réforme électorale et parlementaire est devenue le mot de ralliement de toutes les voix opposantes. C'est par ce signe que nous vaincrons! (Longs applaudissements.)

» Les opinions radicales, elles-mêmes, voient dans la réforme, sinon la réalisation complète de leurs espérances, du moins la fin d'une injustice et le commencement du progrès. La politique en effet n'est-elle pas un perpétuel compromis entre des principes absolus et des faits transitoires? Les principes sont la boussole qui montre toujours le but; les faits sont les points de relâche et quelquefois les écueils qu'il faut savoir éviter, même en retardant l'arrivée. (Très-bien, très-bien.) On ne règle les mouvements d'une armée ni sur la marche des soldats les plus agiles et les plus robustes, ni sur celle des plus lents et des plus faibles. (Marques réitérées d'une vive approbation, applaudissements unanimes.)

» La mesure toutefois et la prudence s'allient volontiers à la persévérance et à l'énergie. Et même les plus patients comprennent aujourd'hui qu'ils ont trop laissé se dérouler le long cercle d'illégalités, de déceptions, de bassesses et de corruption qui nous enveloppe. Ils viennent, renonçant à leurs illusions, s'associer sincèrement à une agitation salutaire, et nous, ouvriers de la première heure, nous nous empressons de leur ouvrir nos rangs (très-bien, très-bien); poursuivant avec eux le travail, avec eux aussi nous répétons ces mots du grand tribun de l'Irlande : « Agitons, agitons encore, agitons toujours.» (D'énergiques applaudissements, plusieurs fois réitérés, interrompent pendant quelques instants l'orateur.)

» En terminant cette allocution, déjà bien longue (non, non; au contraire, parlez, parlez), permettez-nous de vous exprimer la vive gratitude du comité central pour le témoignage de fraternelle sympathie qu'il reçoit ici et qui a trouvé parmi vous un éloquent interprète. (Très-bien, très-bien.) Je ne saurais mieux y répondre qu'en portant un toast qui est tout à la fois la glorification de votre patriotique persévérance et l'espoir d'un prochain triomphe, et ce triomphe est assuré, n'en doutez pas, Messieurs, si par l'organisation de ces comités dont on vous démontrait si bien tout à l'heure l'utilité, vous substituez à l'impuissance fatale des efforts isolés la puissance invincible de l'unité d'action.

» *Aux électeurs qui, malgré 16 années de luttes infructueuses, n'ont jamais désespéré de l'avenir.* »

M. Pagnerre descend de la tribune au milieu des témoignages multipliés d'une vive sympathie. De nombreux cris de *vive le comité central!* vive son digne représentant! éclatent dans toute la salle.

M. LE PRÉSIDENT. — J'appelle à la tribune M. *Hennequin*, représentant de la *Démocratie pacifique*.

M. *Hennequin* est salué par de nombreux applaudissements.

A l'union de la Presse de Paris et de la Presse départementale.

« Messieurs,

» La France ne veut pas du règne de la force ; on ne la gouvernera désormais que par la puissance morale.

» Un ministère qui répond aux accusations les plus graves, les plus précises, les mieux caractérisées, par un refus d'enquête, est à jamais déchu de cette puissance. (C'est vrai ! bravo !)

» Une assemblée qui, après un pareil refus, se déclare satisfaite, abdique aussi tout pouvoir sur les esprits. (C'est encore vrai.)

» Il n'y a plus de vivant en France, comme autorité morale, que l'opinion, que la presse, son organe.

» C'est à la presse à recueillir les manifestations réformistes, à conserver la trace durable de l'indignation publique.

» Pour l'accomplissement de cette tâche, que la presse de Paris s'unisse à la presse départementale, si modeste, mais si persévérante, si laborieuse et si dignement représentée dans cette ville par la rédaction du *Glaneur*.

» Que les écrivains s'unissent, mais non pas seulement pour combattre et pour flétrir ; qu'ils s'unissent aussi pour donner au pays la solution des grands problèmes dont notre époque est préoccupée. Il ne s'agit pas de sauver le navire pendant l'orage, il faut, l'orage éloigné, comme s'éloigneront les scandales actuels, savoir guider le bâtiment vers le terme de son voyage.

» Le pouvoir s'est corrompu parce qu'il n'a pas agi ; l'inaction l'a perdu. Le proverbe avait raison : pour les gouvernements comme pour les individus : *l'oisiveté est la mère de tous les vices*. (Vifs applaudissements.)

» Sachons nous garder de cette inertie dont la cause première dans l'absence d'idées. Ne nous laissons pas accuser d'aspirer est à de stériles déplacements du pouvoir. Complétons notre programme : à côté de ce mot, *réforme*, accepté par nous tous comme un symbole de probité politique et de liberté, il en est un autre dont la place est marquée sur notre drapeau, et dont la signification large et progressive rallierait, sans acception d'école ni de parti, tous les hommes de bon vouloir, c'est celui d'*association*, rayonnante formule qui peut éclairer à l'intérieur comme à l'extérieur toute une politique nouvelle. (Bravo !)

» Association ! pour l'intérieur, cela veut dire fraternité entre tous les Français égaux devant la loi, sinon devant tous ses ministres ; cela veut dire accord du travailleur, de l'inventeur, du capitaliste, franche et définitive réconciliation de toutes les classes industrielles, divisées si longtemps par des malentendus économiques. Association, cela veut dire à l'intérieur, amour du riche pour le pauvre, le prolétaire et tous les deshérités, cordiale entente entre tous les membres de la famille française, vivifiant leur sol par la culture et faisant produire à la terre assez de richesses nouvelles pour donner le pain, le vêtement, l'abri à tous ceux qui en manquent, sans porter aucune atteinte aux droits de la propriété. (Bravo ! bravo !)

» La propriété est une déesse protectrice que nous ne voulons pas renverser de son piédestal ; qu'elle s'y affermisse au contraire, mais que sa corne d'abondance s'élargisse afin de verser à plus grands flots les fruits, les fleurs et les épis mûrs. (Bravo !)

» Que signifie association à l'extérieur ? cela veut dire sainte alliance des peuples, confédération de toutes les nations civilisées. Cette association, déjà les chemins de fer, plus prompts, plus intelligents que les gouvernements, la réalisent. Elle est surtout réalisée dans nos cœurs. Ils frémissent d'indignation, quand on nous dit que les défenseurs de la Pologne sont accusés quelque part de haute trahison pour avoir conspiré la résurrection de leur patrie. Nos cœurs sont profondément humiliés quand nous apprenons que la France est intervenue en Portugal pour une cour contre un peuple, et que notre cabinet fournit en Suisse des munitions à ces jésuites qu'il fait semblant de proscrire ici. (Vifs applaudissements.)

» Mais nos cœurs palpitent de joie, d'espérance, d'enthousiasme, quand nous voyons que l'Italie renaît à la vie politique et sociale ; que ce vieil édifice d'oppression appelé l'empire d'Autriche est près de crouler au premier mouvement du sol européen, et que, dominant l'époque actuelle de sa figure sublime, Pie IX est venu réconcilier le monde avec l'église, l'église avec la liberté. (Tonnerre d'applaudissements! Vive Pie IX !)

M. LE PRÉSIDENT. — La parole est à M. *Sellèque*, gérant du *Glaneur*, pour répondre à M. *Hennequin*.

Chacun comprendra les motifs qui commandent au *Glaneur* de se taire sur la manière dont M. *Sellèque* a été accueilli à la tribune, et sur la manière dont les quelques paroles qu'il a prononcées ont été accueillies également. Tout ce que le *Glaneur* peut dire ici, c'est que M. *Sellèque* en a été vivement touché, et qu'il en gardera un éternel souvenir.

Voici comment il s'est exprimé :

« Messieurs,

» Je me borne à applaudir, comme chacun de vous applaudit sans doute, aux bonnes idées, aux généreux sentiments qui viennent d'être si bien exprimés par le digne représentant de la *Démocratie pacifique*, M. Hennequin. — Permettez-moi seulement de répondre quelques mots aux paroles de son discours qui concernent la presse indépendante.

» Il serait sans doute peu convenable de ma part d'accepter sans réserves les éloges qu'il a adressés à la rédaction du *Glaneur* ; mais quant à l'opinion favorable qu'il a émise à l'égard de mes confrères de la presse indépendante des départements, je ne puis qu'unir ma voix à la sienne. Les fonctions de journalistes de l'opposition à Paris ont certainement leurs tribulations, leurs mauvais jours, mais combien en province ces fonctions ne sont-elles pas plus pénibles à remplir! Là, les susceptibilités sont cent fois plus grandes ; là, les amours-propres sont cent fois plus irritables ; ce qui à Paris serait considéré comme un coup d'épingle blessant à peine l'épiderme, est en province considéré comme un coup de poignard pénétrant jusqu'au cœur. Et cependant il faut, à chaque instant, braver ces susceptibilités, froisser ces amours-propres. — Aussi, que de haine les journalistes indépendants de province n'accumulent-ils pas sur leurs têtes! A combien de calomnies, de persécutions, la vengeance des personnes blessées ne les expose-t-elle pas! Il ne leur faut pas, je vous l'assure, une faible dose de patriotisme, de patience, de dévouement, de courage pour accomplir tous les devoirs qui leur sont imposés par une telle fonction. — Honneur à mes honorables confrères, car ils donnent chaque jour de nouvelles preuves que ces vertus leur sont familières !

» Honneur aussi, Messieurs, à la presse indépendante de Paris ; Ses services sont immenses. C'est elle qui, récemment encore, a soulevé le voile sous lequel se cachaient quelques-uns de ces dilapidateurs des deniers publics, quelques-uns de ces grands personnages qui, par la corruption, voulaient accroître leurs fortunes. La *Démocratie pacifique* n'a pas été une des moins ardentes dans cette guerre des gens de biens contre les fripons, contre ces corrupteurs et ces corrompus de haut et bas étages. — Sans doute ses idées sur une nouvelle organisation de la société, sans doute ses principes politiques peuvent être contestés, mais ce qui ne peut l'être, c'est la sincère conviction, c'est la probité des honorables citoyens attachés à sa rédaction.

» La presse indépendante, soit à Paris, soit dans les départements, n'a point failli et ne faillira pas à sa mission. Sentinelle avancée des libertés publiques, elle a veillé et elle veillera continuellement pour défendre ces libertés ; protectrice de notre honneur national, elle a combattu et elle combattra toujours pour que cet honneur ne reçoive point d'atteinte ; gardienne de la morale, de la probité publique, elle a poursuivi et elle poursuivra toujours cette infâme corruption, ces ignobles trafics de conscience dont malheureusement nous avons eu tant d'exemples ; enfin, amie ardente, zélée des améliorations que réclame notre organisation politique et sociale, elle a travaillé, elle travaillera sans relâche pour obtenir une réforme électorale sérieuse et des remèdes aux vices de quelques-unes des institutions de notre société.

» Vous pouvez, Messieurs, compter sur elle, mais aussi elle compte sur vous. Avec votre appui elle peut tout, sans votre appui elle ne peut rien. Elle a besoin de savoir qu'elle a la sympathie des gens de cœur, des bons patriotes ; elle a besoin de savoir qu'elle a l'estime des honnêtes gens. Croyez-vous, par exemple, que le *Glaneur* aurait pu résister à toutes les contrariétés, à toutes les vexations, à toutes les persécutions, à tous les procès qu'il a eu à subir depuis bientôt 18 ans, s'il n'avait pas été assuré qu'un grand nombre de ses concitoyens les plus honorables sympathisaient avec lui ? Non, Messieurs, il serait mort à la peine ; sans les marques de sympathie, sans les témoignages d'estime qui lui ont été accordés, ses rédacteurs n'auraient pas eu assez de force pour suivre si longtemps une carrière semée de tant de tribulations et d'écueils.

» Avec le concours des hommes de probité, des bons patriotes, la presse obtiendra, je vous l'assure, justice pour tous les griefs, reconnaissance de tous les droits injustement méconnus.

» Pour atteindre plus promptement un pareil résultat, il faut, comme vient de vous le dire M. Hennequin, une parfaite union de la presse indépendante de Paris et de la presse indépendante des départements.

» J'exprimerai à cette occasion le regret que le projet d'un congrès central, annuel, de toute la presse indépendante du pays, n'ait eu qu'un commencement d'exécution. Si ce projet se fût réalisé complètement, c'eût été assurément le meilleur moyen de cimenter cette union si désirable et de s'entendre sur toutes les grandes questions d'intérêt général. J'espère encore qu'il n'est pas abandonné à jamais, et que tous les hommes de la presse sentiront le besoin de le faire revivre.

» *A l'union de la presse de Paris et de la presse départementale !* »

M. LE PRÉSIDENT. — La parole est à M. Félix *Cadou,* pour lire une pièce de vers.

« Messieurs,

» Un de nos amis, qui n'a pu assister à ce banquet, m'a prié de lire la pièce de vers suivante, qui lui a été inspirée par la circonstance. »

RÉVEIL DE LA FRANCE.

La réforme surgit des abus scandaleux,
La réforme s'avance et prend le pas sur eux ;
D'un accord unanime et d'une voix austère,
Français, demandons tous la réforme sévère ;
Bonne foi, probité, ne sont pas de vains mots ;
Toujours leurs cris d'alarme éveillent des échos.
Oui, dans les temps de crise où mourait l'espérance,
Tous les nobles élans sont partis de la France !   (Bravo!)
Paris, Meaux, Orléans, mille toats chaleureux
Répondent à l'appel des instincts généreux,
Et repoussent d'horreur la honte et l'égoïsme
Loin du sol de la gloire et du patriotisme.
L'honneur sur ce pays est plus puissant que l'or ; (Bravo!)
L'honneur héréditaire est son plus cher trésor ;
La libre conscience est un fort imprenable :
Qui l'assiége est pervers, qui la livre est coupable.
                          (Vifs applaudissements.)
Les peuples ont suivi nos pas victorieux ;
Descendre au second rang serait injurieux.
Déjà dans cette Europe où notre nom s'oublie,
Sous un pieux drapeau s'enrôle l'Italie
Des droits à conquérir ardente légion ;
Quoi ! ne serions-nous plus la grande nation !
Ne marcherions-nous plus, phalanges débordées,
Rois de l'intelligence et soldats des idées !   (Bravo!)
Français, sur le terrain des sublimes combats,
Nous sommes l'avant-garde et nous réglons le pas ;
Fiers comme notre nom, grands comme notre histoire,
Ne craignons que l'opprobre et n'aimons que la gloire !
                                           (Bravo!)
Il est beau de ravir par les lois et les mœurs
Le sceptre des esprits et l'empire des cœurs.
C'est en vain que la peur, trop aveugle ministre,
Cherche à nous effrayer d'un fantôme sinistre :
La France ne veut pas que le sang coule encor,
Mais que la liberté reprenne son essor !   (Bravo!)

Le mouvement légal est dans nos destinées ;
Nous n'avons pas le choix des haltes obstinées.
Un grand homme s'avance en tête du progrès,
Et c'est du Vatican que partent ses décrets.
Jadis de cette cour l'autorité suprême
Contre la liberté fulminait anathême...
Le Pontife nouveau sur elle étend les mains,
Et l'allégresse en chœur fleurit tous ses chemins !
Liberté ! ne crains plus que Rome te renie ;
Reste pour l'Univers la liberté bénie !
Par l'hymne trois fois saint, tonnerre harmonieux,
Les Alpes, désormais, te rapprochent des cieux !

(Vifs applaudissements. L'auteur ! L'hymne à Pie IX !)

Cette pièce a été débitée avec ame et chaleur par M. Cadou. Cela ne doit pas étonner ceux qui le connaissent, car ils savent que ce sont ses sentiments qui y sont exprimés.

M. LE PRÉSIDENT. — La parole est à M. *Marescal*, pour un toast à la probité publique.

M. *Marescal* monte à la tribune et s'exprime ainsi :

« Messieurs et chers concitoyens,

Je bois à l'honneur français !
A l'antique bonne foi de nos pères !
A la probité publique et privée !

» C'est avec intention, Messieurs, que je joins ensemble la probité publique et la probité privée ; elles ne sauraient être séparées, Machiavel est un imposteur ; la morale est une ; et malheur aux gouvernements comme aux individus qui violent ses lois éternelles ! (Bravo !)

» La probité ne m'apparaît pas seulement, Messieurs, comme un excellent système, comme le meilleur système de gouvernement possible ; c'est bien mieux que cela !

» Grâce à la presse, cet Argus à qui rien n'échappe, l'adresse n'a plus de prestige, la ruse a perdu son masque et la probité est restée seule comme base solide, inébranlable de toute autorité. Elle est la condition d'existence des dynasties anciennes ou nouvelles : la franchise, le désintéressement, le dévouement le plus absolu aux intérêts des peuples, telle est la légitimité des rois, il n'y en a plus d'autre aujourd'hui. (Applaudissements.) Vainement ils chercheraient leur point d'appui sur des fictions représentatives ; dès qu'elles ont perdu leur sincérité, adieu la sécurité ; et le système constitutionnel lui-même croulera sous le mépris général le jour où l'intrigue et la mauvaise foi auront décidément corrompu les sources électorales et parlementaires. (Bravo ! bravo !)

» Malheur donc, je le répète, aux gouvernements qui s'imaginent substituer impunément la fiction à la réalité, le mensonge à la vérité ! ce qu'ils auront construit sur la boue tombera dans la boue. (Bravo !)

» Imaginez au contraire, Messieurs, la probité érigée en système politique, et ce système consciencieusement mis en action, soit à l'intérieur, soit à l'extérieur ; à l'instant même vous réalisez l'idée de paix perpétuelle au dehors, de prospérité et de bonheur public à l'intérieur, autant qu'il est donné à l'homme d'y parvenir.

» Examinons : je commence par la question extérieure.

» Sans doute les nations voisines sont comme nous, plus que nous, tourmentées d'une fièvre intérieure ; sans doute l'Europe est menacée d'une conflagration générale, et malheureusement pour nous, malheureusement pour l'Europe, nos relations extérieures sont, à l'heure qu'il est, en bien mauvaises mains. (C'est vrai.)

» Dignes élèves de Talleyrand, les diplomates du système ont rapetissé la grande nation au niveau de leur intelligence et de leur moralité. Insolents et provocateurs avec les faibles, fourbes et bas avec les forts, ils ont isolé la France de ses alliés naturels et pris à tâche de nous discréditer également partout. (Vifs applaudissements.)

» Les malheureux ! avec leur fourberie ils s'imaginent tromper tout le monde, et personne au monde ne les croit, même s'il leur arrive de dire la vérité par hasard (Bravo ! bravo !)

» Combien il est désolant, Messieurs, que ces prétendus représentants de la France au dehors dépensent tant d'argent et de soins à nous nuire, à nous humilier en Europe, lorsqu'il suffisait à la France de se montrer franchement et loyalement, telle qu'elle est aujourd'hui, juste et bienveillante envers ses voisins, sans ambition nationale comme sans ambition de famille, pour obtenir à l'instant le respect et l'affection générale.

» Apparemment il entrait autrefois dans les desseins de la Providence que le génie éminemment civilisateur de la France, que sa force expansive, fissent explosion au dehors par voie de guerre et de conquête : sans doute il importait à la civilisation que les immortels principes de notre grande révolution fissent le tour du monde à la suite de nos braves soldats, à l'ombre du drapeau tricolore ; mais l'œuvre est glorieusement accomplie ; la France a payé largement sa dette à la civilisation ; la conquête et la propagande ont fait leur temps aujourd'hui en Europe. (Bravo !)

» Plus de guerre étrangère, si ce n'est en légitime défense de soi-même ou d'autrui, telle est notre politique vraiment nationale, et il faut nous rendre cette justice, Messieurs, que nul parmi nous ne songe à la guerre pour des intérêts égoïstes ou de futiles questions d'amour-propre blessé. Cela est si vrai que les injures du gouvernement anglais lui-même ne parviennent plus à troubler le calme qui nous honore : la France est comme ces vieux braves qui ont acquis par vingt blessures glorieuses et toute une vie de courage héroïque le droit de mépriser une impuissante provocation.

» Egalité, fraternité entre tous les peuples, la France n'a plus d'autre défi à jeter à la face de l'Europe. (Bravo !)

» Ses destinées seraient-elles donc moins brillantes pour être pacifiques ? Gardez-vous de le croire ! La France est la reine des nations, reine par le cœur, reine par l'intelligence. (Bravo !)

» Placée au centre de la civilisation comme le soleil au centre de l'univers, son immortelle destinée c'est de briller éternellement de son propre éclat et de refléter plus radieuses et plus pures toutes les lumières de la civilisation étrangère. (Bravo !)

» N'est-ce plus, Messieurs, assez d'honneur et de gloire ?

» Hâtons donc de tous nos vœux, de tous nos efforts, l'avènement d'une politique franche, honnête et désintéressée; elle seule peut rendre à la patrie le rang qui lui appartient à la tête des nations.

» Si je descends actuellement, Messieurs, à l'examen de nos misères intérieures, dispensez-moi, je vous prie, de remuer ici devant vous cet amas de corruptions officielles qui nous font monter la rougeur au front. Laissons ce triste soin à la cour des pairs, aux tribunaux vengeurs de la morale publique. (Bravo! bravo!)

» Que nous importe après tout qu'un Praslin échappe par l'empoisonnement à la justice de ses pairs? Qu'importe qu'un Teste subisse la condamnation qu'il a méritée : ce n'est qu'un coupable de plus ou de moins.

» Mais ce qui nous importe, Messieurs, ce qui nous indigne, c'est de voir encore assis aux conseils du trône et de la nation, comme arbitres de nos destinées, les *honorables amis*, les collègues de ce Teste, ceux-là même qui ont trop longtemps toléré ses prévarications, que dis-je toléré! qui les ont récompensées, honorées de la seconde magistrature du royaume, de la présidence de la cour suprême de justice. (Bravo!)

» Ce qui révolte nos consciences, c'est que, généralement, les plus intrigants de la localité soient par cela même les plus influents. (Très-vifs applaudissements.)

» C'est en un mot la continuation impudente du même système de corruption par les mêmes moyens et par les mêmes hommes.

» Voilà ce qu'il ne faut pas tolérer plus longtemps ; mais comment faire, Messieurs; le voici :

» Traquons la corruption dans son double repaire, le collège électoral et le parlement.

» Qu'il devienne impossible autant qu'inutile au député de trafiquer du vote de l'électeur, au ministère d'acheter et de payer la conscience du député. Arrière ceux qui ont bu à cette coupe empoisonnée! (Bravo!)

» Qu'une loi sévère règle sagement les conditions d'admission et d'avancement pour toutes les fonctions publiques, afin que les plus hautes dignités ne soient plus le prix de la plus basse apostasie.

» Que la représentation nationale soit une charge, rien qu'une charge, jamais un moyen de faire son chemin ou sa fortune.

» C'est alors que vous aurez donné de véritables tuteurs au pouvoir; alors, seulement alors, vous aurez le gouvernement représentatif et les bienfaits qui en découlent naturellement.

» Telle est la réforme que nous demandons, Messieurs, et il nous la faut de suite et à tout prix, car il y va de la sûreté du trône et de l'honneur de la France. (Bravo!)

» Criez donc, criez encore à la réforme radicale, conservateurs des abus et de la corruption : vous en avez menti! Ce que nous demandons aujourd'hui, c'est la réforme morale; rien de plus, rien de moins. (C'est vrai, bravo!)

» Et la réforme morale, qu'est-ce autre chose que la probité mise en pratique, que la morale en action?

» A l'ombre de la confiance qu'elle fera naître, qu'il soit enfin permis aux gouvernants de s'occuper activement de la moralité et du bien-être des populations confiées à leurs soins.

» Si nous voulons moraliser les masses, ne fût-ce que par prudence, tâchons de nous moraliser nous-mêmes, afin que le bon exemple vienne d'en haut. (Bravo!)

» Plus de marchés à terme ni de jeux de bourse, dont le

moindre mal est de détourner les capitaux indispensables à l'agriculture, au commerce, à l'industrie ! Plus d'agiotage, qui ne produit rien que des banqueroutes scandaleuses et des fortunes plus scandaleuses encore !

» Moralisons, améliorons sans cesse, marchons avec prudence, pas à pas, mais marchons toujours.

» Cherchons une répartition plus équitable de l'impôt.

» Etudions, creusons toutes les questions économiques et sociales; éclairons-les du flambeau de l'expérience, ne fût-ce que pour être en droit de les condamner.

» Proclamons le droit de vivre en travaillant, cet article unique de la charte du pauvre. Nier ce droit de vivre, c'est blasphémer la Providence. (Bravo! bravo!)

» Qu'il y ait place pour tous, pour tous les travailleurs au banquet de la vie; et vous, heureux du siècle, calculez seulement ce que le bonheur de tous doit ajouter de charme et de sécurité au bonheur de chacun.

» Qui parle ici du danger des concessions? Justice n'est pas concession. Alors que nos pères revendiquaient les droits de l'homme et l'égalité des charges, était-ce justice ou concession? C'était justice! Déplorable aveuglement des classes privilégiées! Pour avoir tout refusé, on leur a tout arraché.

» Sachons au moins profiter des leçons de l'histoire.

» Gardons-nous donc de laisser répéter plus longtemps que le tiers-état, la classe moyenne, la bourgeoisie comme ils l'appellent, est incapable de rien fonder ; qu'elle est cupide, égoïste, lâche, et qu'elle n'a fait la révolution avec les bras et le sang du peuple, que pour dépouiller les nobles et se mettre à leur place. (Bravo!)

» Gardons-nous, vous dis-je, gardons-nous bien de nous laisser calomnier ainsi dans les ateliers, car le communisme et la guerre sociale sortiraient des ateliers, et la guerre sociale c'est le bouleversement des fortunes, l'anéantissement de la propriété, c'est la ruine des familles, c'est en un mot la terreur ressuscitée, plus aveugle et plus implacable.

» N'allez pas mettre, je vous en conjure, une confiance aveugle dans la force des baïonnettes ; le devoir, le noble devoir de l'armée, c'est de défendre le sol sacré de la patrie des souillures de l'invasion étrangère. Elle peut sans doute réprimer une émeute ; mais empêcher une révolution, jamais! Rappelez-vous les gardes-françaises de 89, les troupes de ligne en 1830, elles fraternisaient avec le peuple ! (Bravo!)

» La probité, Messieurs, rien que la probité, qui nous concilie la confiance des nations, l'affection et la reconnaissance des classes pauvres : voilà notre unique sauvegarde au dedans, notre palladium au dehors. (Bravo!)

» Inaugurons le règne de la probité sur la terre !

» Faisons un appel énergique aux hommes honnêtes de toutes les opinions.

» Légitimistes, républicains, phalanstériens, quels que soient les rêves dont vous bercez vos imaginations diverses, sans doute la moralité, la probité vous apparaissent comme les compagnes inséparables de tous vos projets. Dites donc ce que vous ferez, ce que vous deviendrez à l'œuvre, si vous ne trouvez plus ni moralité ni probité ; si le déplorable système qui nous régit ne vous laisse pour instruments que des âmes avides et corrompues ? Comme ceux d'aujourd'hui, vous ne ferez rien, rien, rien! (Bravo! bravo!)

» Marchons donc tous contre l'ennemi commun ; élevons un drapeau que toutes les âmes généreuses puissent saluer de leurs acclamations ; guerre à mort à la corruption ! forçons le pouvoir à devenir respectable afin qu'il soit respecté, et, véritables conservateurs, nous aurons sauvé la patrie. (Vifs applaudissements.)

M. *Gougis* remplace M. *Marescal* à la tribune, et prononce les paroles suivantes :

L'union fait la force.

« Messieurs,

» C'est en obéissant à cette sage et puissante vérité que, dans deux circonstances mémorables, le corps électoral de l'arrondissement de Nogent-le-Rotrou, dont j'ai l'honneur d'être ici l'organe, a été assez heureux pour pouvoir conserver à l'opposition parlementaire l'un des hommes les plus honorables qu'elle compte dans ses rangs. (Bravo !)

» Le général Subervie, noble par son caractère, indépendant par sa position si bien méritée, n'a eu pendant le cours de sa longue carrière militaire et politique qu'une seule ambition : celle d'être utile à son pays, de lui conserver la place et la gloire conquises au prix de tant de sacrifices. Ses adversaires à la chambre l'estiment et l'honorent : c'est le plus bel éloge qu'ils puissent lui décerner. Qu'il soit notre modèle, Messieurs. Il est à regretter qu'il n'ait pu s'asseoir au milieu de nous, qu'il ne puisse vous donner preuves nouvelles de son amour pour le bien public, de son dévouement aux intérêts du département. Il s'associerait de grand cœur, j'en suis certain, au succès du toast que j'ai l'honneur de vous proposer :

» *A l'union des patriotes d'Eure-et-Loir!* »

(Bravo ! vive Subervie !)

M. LE PRÉSIDENT. — La parole est à M. *Barbé*, commandant de la garde nationale de Châteaudun.

M. *Barbé* prononce le discours suivant :

Aux Députés indépendants !

« Messieurs,

» La réforme électorale et parlementaire n'est pas désirée seulement par les citoyens qui viennent s'asseoir aux banquets réformistes ; c'est un vœu de tous les hommes qui ont quelque souci de l'honneur national comme de la prospérité publique, car il est impossible de méconnaître l'influence que les réformes politiques doivent avoir sur les réformes administratives et financières, et si ce vœu n'est pas exprimé par la grande majorité des citoyens, c'est que nos mœurs politiques n'ont pas reçu tout le développement désirable et que nous sommes encore au début de cette agitation politique, qui est la vie des gouvernements représentatifs. (Bravo ! bravo !)

» Et pourtant, Messieurs, à une époque où la France vient d'avoir le triste spectacle des honteuses passions mises en jeu lors des dernières élections, tous les hommes honnêtes ne sentent-ils pas le besoin de protester contre de tels scandales et de demander que les élections deviennent l'expression sincère des opinions comme des droits du plus grand nombre? (Oui, oui.)

» La réforme électorale est le moyen d'arriver à ce résultat ; mais pour conquérir la réforme elle-même, il faut faire un appel à la probité et à toutes les vertus politiques.

» Et par probité, je n'entends pas seulement la pensée du bien, car les vertus politiques, pour être utiles, veulent être pratiquées ; ceux-là qui, avec la conviction du mal qui tourmente la société, gardent aujourd'hui le silence, ne peuvent être que de bien tièdes amis du progrès. (C'est vrai.)

» Dans un temps comme le nôtre chacun doit avoir le courage de proclamer tout haut son opinion, et je n'ai pas d'admiration pour la prudence de ceux qui se contentent de gémir en silence ! (Bravo !)

» Honneur donc aux députés qui sont venus prêter leur concours à ces réunions faites pour ranimer l'esprit public ! Honneur aux députés indépendants qui n'ont pas désespéré du triomphe des principes constitutionnels ! (Bravo !)

» Vous le savez, Messieurs, les gouvernements ont comme les simples citoyens le besoin de considération, ils ne peuvent subsister qu'à la condition que la probité préside à leurs actes, et si cela est vrai pour le pouvoir exécutif, cela l'est plus encore, s'il est possible, pour la représentation nationale. Si donc les éléments électoraux sont vicieux, si des scandales ont fait douter de l'indépendance du corps électoral, si le germe de la corruption a pénétré dans les corps politiques et si la confiance des citoyens en a été altérée, si les pouvoirs qui devraient être les plus respectés sont ainsi exposés à perdre aux yeux de la nation cette auréole de probité et d'honneur qui leur est si nécessaire, et si enfin, comme cela est évident, cet état est la conséquence d'un mauvais système électoral, n'est-il pas dans l'intérêt du pays de provoquer la réforme d'un système qui a produit des fruits si amers ? (Bravo !)

» Et qu'on ne s'y trompe pas, Messieurs, le temps des réformes est arrivé, l'indignation publique a fait justice de ces déplorables principes qui ont placé les intérêts matériels au-dessus de toutes les vertus sociales et politiques. (Bravo !) Il n'est plus temps de préférer à l'honneur national, à l'amour du bien public, à la probité politique, le culte de ces intérêts, ce culte du veau d'or flétri par tous les hommes indépendants, et renié aujourd'hui par les adeptes. L'opinion publique a marché, semblable aux flots qui s'élèvent d'abord en silence, puis qui font irruption par la brèche qu'ils se sont pratiquée.

» Nous devons désirer de rencontrer dans nos lois politiques, dans cet évangile du gouvernement représentatif, des principes qui soient en harmonie avec la nature de ce gouvernement ; or, Messieurs, personne ne peut prétendre sérieusement que nos lois électorales nous donnent aujourd'hui des élections qui représentent l'opinion publique ; le but commun de nos efforts doit donc être de protester contre ce qui est mauvais, et d'arriver à une réforme électorale et parlementaire qui nous donne une véritable représentation nationale, conforme à l'opinion et aux intérêts du pays.

» Nous devons désirer que l'intelligence, la science, les talents, les services rendus à l'état et à la société soient pris en considération concurremment avec la propriété, pour constituer le droit électoral. (Bravo !)

» Nous ne voulons pas que les hommes qui se sont illustrés dans les sciences, dans les arts, dans l'armée, dans la magistrature et le barreau, soient rejetés comme des parias, parce qu'ils ne paient pas deux cents francs d'impôt, ni qu'on refuse le droit électoral à ceux qui se livrent à des professions qui font présumer la capacité intellectuelle.

» Un tel état de choses est en opposition avec les principes du gouvernement représentatif. Cette nécessité absolue de posséder pour être quelque chose est un appât présenté à la cupidité, et nous devons désirer voir disparaître de nos lois des dispositions qui se résument par cette incitation : deviens riche, si tu veux être quelque chose dans l'état. (bravo !)

» Nous ne voulons pas non plus que des fonctionnaires salariés par l'état puissent s'asseoir sur les bancs du parlement, chargé de voter et de répartir l'impôt entre les divers services de l'état. Comment comprendre en effet que la dignité du député ne soit pas blessée de ce que le ministre, dont il est chargé de contrôler les actes, puisse le récompenser ou le punir comme fonctionnaire, en lui accordant ou en lui refusant de l'avancement et même en le privant de son emploi? (bravo !)

» Ce que nous désirons, Messieurs, c'est une réforme légale qui écarte de nous les révolutions violentes, toujours si désastreuses pour les peuples : ce qu'il faut que tous les citoyens comprennent bien, c'est que ceux-là sont ennemis des révolutions qui veulent la réforme des abus, dont la perpétration est un danger qui va toujours croissant, jusqu'à ce que les abus aient été renversés par la force, quand les gouvernements n'ont pas la sagesse de les faire disparaître ; c'est qu'enfin les lois doivent être en harmonie avec la nature du gouvernement, et que cette harmonie n'existant pas, la réforme est l'ancre de salut qui peut seule consolider aujourd'hui le gouvernement représentatif, ébranlé dans sa base. (Applaudissements.)

» Nos adversaires politiques et aussi quelques gens timides, qui n'ont pas le courage de leur opinion, ont feint de s'effrayer du but que nous nous proposions ! Ils ont demandé où nous allions !.... comme si notre but n'était pas connu, comme si l'on ne savait pas que nous voulons marcher dans la voie du progrès, mais d'un progrès sage ; que nous voulons le développement légal de nos institutions? (Bravo !)

» Quand je fixe les yeux autour de moi et que j'y rencontre des magistrats, des maires, des conseillers municipaux, des officiers de la garde nationale, des jurisconsultes, des commerçants, des propriétaires, et surtout dans ce département principalement agricole, des cultivateurs qui contribuent si efficacement à la richesse du pays, je me demande quelle crainte on peut éprouver? Laissons donc de côté les fantômes évoqués par la mauvaise foi et les clameurs excitées par la peur ; continuons à marcher vers le but que nous nous sommes proposé, et prouvons notre modération en demandant à la loi une réforme pacifique qui fortifie nos institutions.

» J'appartiens, Messieurs, à un arrondissement (celui de Châteaudun) qui a toujours envoyé à la chambre des députés indépendants : aussi la corruption, malgré ses efforts, n'a pu maintenir son drapeau dans nos contrées ; nous avons su conserver intact cet antique honneur beauceron, que nous continuerons à maintenir dans son intégrité. (Vivent les électeurs de Châteaudun ! vive M. Raimbault !)

» Nous avons repoussé avec indignation les tentations qui nous présentaient l'appât des intérêts matériels ; nous avons pensé, Messieurs, que nous ne pourrions y trouver la source d'aucune action honorable, et que ce culte était en désharmonie avec les principes du gouvernement représentatif!

» Nos pères posèrent en 1789 d'immortels principes, conquête de plusieurs siècles ; et s'ils reçurent quelqu'altération sous les différents régimes qui se sont succédés depuis, nous avions lieu d'espérer que la révolution de 1830 leur donnerait une nouvelle force; mais vous le savez, Messieurs, les promesses de cette époque ont été bientôt oubliées, et l'on n'a pas tardé à méconnaître les principes sur lesquels était fondé le gouvernement né de cette révolution. — Et pourtant chaque nature de gouvernement doit conserver le principe qui lui est propre. Ainsi, sous l'ancienne monarchie, où, comme le dit Montesquieu, les lois tenaient lieu des vertus politiques, l'honneur, les préjugés de condition et de famille ont souvent inspiré de belles actions.

» Sous la République, l'amour de la patrie, celui de la liberté et de l'indépendance nationale portaient les citoyens à sacrifier leur intérêt personnel à l'intérêt général. (Bravo!)

» Sous l'Empire, le désir de la gloire fit faire de grandes choses, mais remplaça trop souvent les vertus populaires.

» A nous, Messieurs, qui vivons sous un gouvernement représentatif où les vertus politiques sont nécessaires et où elles pourraient être si utilement employées, quel mobile offre-t-on ? L'appât des richesses, des faveurs, des emplois promis, moins au mérite, aux services et aux belles actions, qu'au crédit de protecteurs puissants.

» Non, Messieurs, vous ne voudrez pas que dans notre France, ce pays placé à la tête du progrès social, les sentiments généreux soient étouffés (non, non); que le culte des intérêts matériels prédomine! Nous nous rappellerons que les mauvaises lois font les mauvais citoyens, et nous prouverons, par nos protestations énergiques, que les cœurs français battent encore à ces mots d'honneur, d'amour de la patrie, de liberté et d'indépendance! (Applaudissements.)

» Nous serons persévérants dans nos efforts, nous ne laisserons pas échapper de nos mains le fruit de deux révolutions, et nous ne souffrirons pas qu'on dise du peuple français : qu'ardent à conquérir, il est inhabile à conserver.

» Honneur donc encore une fois, Messieurs, aux députés indépendants qui ont su résister aux séductions du pouvoir et qui luttent si constamment pour la défense et le développement des principes du gouvernement constitutionnel. » (Applaudissements.)

M. *Petit-d'Ormoy* fils remplace M. Barbé et s'exprime ainsi :

« Messieurs,

» Lorsque la nation française secoua le joug de la féodalité qui avait si longtemps pesé sur elle, la bourgeoisie, comme l'aînée, dut se charger de la tutelle du peuple. Cette tutelle était légitime, à la condition d'une émancipation progressive, mais continue.

» Qu'avait-on fait depuis pour cette émancipation?
» Rien!

» Aussi, permettez-moi, Messieurs, au nom des citoyens non-électeurs, au nom de ceux qui n'ont que des devoirs à remplir, sans avoir aucun droit à exercer, et qui pensent que la réforme électorale est le moyen le plus efficace pour améliorer nos institutions sociales, permettez-moi de vous remercier de la manifestation à laquelle vous nous avez conviés.

» L'espoir d'une réforme commence donc à luire aux yeux des classes déshéritées, qui l'attendent depuis si longtemps.

» C'est justice sans doute, Messieurs, et n'est-ce pas aussi prudence? Et ne doit-on pas craindre qu'un plus long retard ne compromette gravement la paix et la tranquillité publiques que nous désirons tous si fermement? (Bravo!)

» Electeurs,

» Hâtez donc de tous vos efforts, qu'accompagneront nos vœux, *le seul secours que nous puissions* légalement *vous offrir*; hâtez donc le moment de la réforme électorale; et, pour que les terribles enseignements de notre histoire moderne n'aient pas été donnés en vain, continuez pacifiquement le travail de régénération sociale qui a coûté tant de sang à nos pères. (Bravo!)

» Mais non, nul danger n'est plus à craindre, car vous avez arraché de votre esprit toute odieuse prévention contre le peuple, exclu des droits électoraux; car vous vous êtes indignés de voir que toujours sans résultat, pour lui du moins, il versait son sang pour les libertés ou pour la gloire de la France; qu'après le triomphe on l'endormait en le berçant de promesses, et qu'ensuite, on semait dans ses sillons l'ivraie au lieu du blé, la tyrannie et l'isolement, au lieu de la liberté et de l'association. (Applaudissements.)

» Honneur à vous, Messieurs, qui ne pensez pas que le servage du peuple soit la condition vitale de la société! Honneur à vous! Vous ne voulez plus qu'il croupisse dans un abrutissement éternel; qu'il ne vive que pour travailler, qu'il ne travaille que pour vivre, sans jamais sortir de ce cercle fatal.

» Dieu soit loué! La France s'est réveillée: l'honneur lui parle, elle l'écoute, tout est sauvé.

» Tout est sauvé! La bourgeoisie renverse les barrières qu'on avait dressé entre elle et le peuple. Le moment approche où, grâce à la réforme électorale, nous les verrons travailler ensemble à l'amélioration des institutions sociales.

» Electeurs, il dépend de vous de hâter ce moment. Vous avez le pouvoir en main. Que le bonheur général soit votre constante préoccupation.

» Qu'on ne voie plus se renouveler ces faits monstrueux d'imprévoyance sociale qui, dans un pays fertile, livrent au hasard d'une seule récolte insuffisante l'existence de tout un peuple. (Bravo!)

» La vie intellectuelle n'est pas moins sacrée que la vie matérielle. Que l'instruction soit donc accessible à tous, pauvres et riches; car laisser en friche l'immense majorité des intelligences, c'est annihiler les forces les plus précieuses, les plus fécondes de l'humanité.

» Par les lois, vous avez assuré et garanti la propriété, source privilégiée de tous les droits; assurez et garantissez aussi le droit au travail, la seule propriété du plus grand nombre. Assurez-en la continuité et la juste rémunération. Que le droit de vivre, droit divin qui découle de l'existence même, se constitue en un mot par l'organisation du travail. En multipliant les ressources de la production, cette organisation enrichira la nation tout entière *sans appauvrir* personne Associez par une juste solidarité toutes les forces sociales: talent, travail et *capital*, au lieu de les laisser se gaspiller en luttes aussi stériles que dangereuses. (Bravo!)

» Aimez le peuple enfin, et prouvez-lui cet amour en marchant résolument dans la voix du progrès social, pour qu'au jour de son émancipation définitive, ce peuple n'ait pour vous que des sentiments d'affection et de reconnaissance.

» *Aux travailleurs! à une meilleure organisation du travail! à l'association!* (Bravo!) »

M. *Vogeli*, médecin-vétérinaire à Chartres, appelé à son tour à prendre la parole, a prononcé l'allocution suivante :

« Messieurs,

» J'appartiens au petit nombre de ceux qui, dans cette enceinte, ne sont point électeurs, et je viens vous prier de me permettre de porter un toast *aux Electeurs réformistes!* à ces censitaires de l'impôt qui, jusqu'ici possesseurs exclusifs du privilége électoral, offrent un juste et fraternel partage aux censitaires du travail et de l'intelligence. (Bravo!)

» A ces hommes du progrès, donc, à ces promoteurs de nos fêtes civiques qui, placés ainsi que nous entre les progrès réalisés dans le passé, la désolante nullité du présent et les riches espérances de l'avenir, ont eu la loyauté de dire que la fraction du peuple à laquelle appartiennent :

» Le commis aux écritures, BÉRANGER ; — les compositeurs d'imprimerie, Hégésype MOREAU et Pierre LEROUX ; — le prêtre, LAMENAIS ; — le boulanger, REBOUL ; — le maçon, Charles PONCY ; — le cordonnier, LAPOINTE ; — le coiffeur, JASMIN, et toute cette phalange d'ouvriers divers qui rédigent avec autant de bonheur que de talent le journal l'*Atelier*, peuvent, sans péril pour l'ordre et pour la liberté, être associés à la vie publique et voir s'ouvrir devant eux le sanctuaire électoral ! (Bravos prolongés!)

» *Aux Electeurs réformistes!* »

M. *Maunoury*, avocat, paraît à la tribune, où il est accueilli par de vifs applaudissements. Voici le discours qu'il a prononcé :

« *Au courage civique!*

» Messieurs,

» Le courage civique est la source de toutes les vertus politiques; né de l'indépendance des idées, il communique aux actions publiques des hommes ce qu'elles ont de noble, de grand, de généreux.

» S'il est un reproche capital que l'on puisse faire à ceux qui nous gouvernent, c'est d'avoir cherché à anéantir et d'avoir réussi à affaiblir en France l'esprit public. (C'est vrai.)

» Si le courage civique était plus en honneur chez nous, les manifestations réformistes déjà si imposantes prendraient des proportions telles, qu'elles forceraient immédiatement les barrières qui s'opposent aux améliorations.

» Lorsque, parmi les hommes du pouvoir même, se sont élevées des voix qui ont reconnu qu'il y avait quelque chose à faire, comment se fait-il que le cri de réforme n'ait pas été poussé par les populations tout entières !

» Comment? c'est que les courages ont été glacés par l'intimidation, par la séduction, et, il faut bien le dire, par la corruption! (Bravo! bravo!) Tels individus qui partagent au fond de l'âme nos convictions, gardent cependant un prudent silence, parce qu'ils ont quelque chose à craindre ou à espérer, quelque faveur à obtenir, et qu'on s'élève d'autant plus dans l'esprit de nos gouvernants, qu'on s'abaisse davantage dans l'esprit des gens honnêtes. (Vifs applaudissements.)

» Sous un gouvernement représentatif, le courage civique, l'indépendance de caractère, devraient être un titre aux emplois publics ; les fonctionnaires devraient être choisis parmi les plus éclairés et les plus probes ; comment se fait-il que ce ne soit pas de leurs rangs que soient sorties les premières demandes de réforme ? ou, si l'on veut que ce soit là une de ces questions controversales, sur lesquelles les meilleurs esprits peuvent être divisés, comment n'en comptons-nous pas du moins un grand nombre parmi nous !

» Eh bien ! s'il est dans cette enceinte un seul fonctionnaire amovible, qu'il se lève ; je suis prêt à l'honorer entre tous, car celui-là aura fait preuve d'une indépendance devenue rare de nos jours.

» Mais non, rien ! pas un seul ! (Pas un, pas un.)

» Et quand je pense que cette classe d'hommes fournit plus de 150 membres à la chambre élective ; que ces hommes, dont pas un seul n'ose contrarier le pouvoir, qui n'agissent, se meuvent et votent que selon le bon plaisir du pouvoir, ont cependant l'audacieuse prétention de représenter la France : j'avoue que ma raison demeure confondue. (Bravo ! bravo !)

» Ah ! que nos petits grands hommes du jour ressemblent mal à ces mâles et nobles figures de nos glorieuses révolutions de 1789 et 1792 ! à ces hommes qui, après avoir traversé, pauvres, les charges publiques les plus élevées, sont venus témoigner, pour la plupart, de leur ardent amour pour la patrie dans l'exil et jusque sur l'échafaud ! à ces hommes dont les noms, terribles quelquefois mais toujours grands dans l'histoire, sont destinés à l'admiration et à la reconnaissance de la postérité. (Applaudissements.)

» Est-ce à dire que le courage civique soit mort parmi nous. Oh ! non ! et votre belle réunion protesterait contre mes paroles si j'osais le dire : non, le cri de réforme a retenti de tous les coins de la France ; il a vibré dans vos cœurs et vous êtes venus ici pour protester contre l'indignité de votre gouvernement. (C'est vrai, bravo !)

» Exigeons donc la réforme électorale et la réforme parlementaire ; d'éloquents discours vous en ont fait comprendre la nécessité ; je ne m'en occuperai pas.

» Mais il est une réforme non moins essentielle et tout aussi urgente, c'est la réforme ministérielle.

» Ce qu'il faut demander avant tout, c'est une loi qui règle sérieusement la responsabilité des ministres et des agents du gouvernement, une loi qui, assurant aux ministres le pouvoir de gouverner selon le vœu du peuple, les punisse sévèrement s'ils sont infidèles à leur mandat.

» Prenez-y garde, c'est pour avoir méconnu ces principes, qui sont ceux de la constitution, que le pouvoir marche fatalement et sur une pente rapide vers l'abîme dont la puissante main du peuple peut seule le retirer.

» Loin donc que la réforme soit un appel aux passions mauvaises, à des bouleversements nouveaux, c'est, on peut le dire, un effort suprême que tente l'opposition en faveur de la royauté malgré la royauté ; combattons donc, luthériens politiques, pour restituer à notre évangile politique sa vérité, sa sincérité. Combattons, et pour nous, hommes de progrès, le triomphe est certain ; si la royauté aveuglée éprouvait, ce qu'à Dieu ne plaise et malgré vos efforts, un échec qu'on vous a fait pressentir, citoyens, ne désespérons pas ! Il est au-dessus du trône même un signe de ralliement qui ne faillira jamais ; il a conduit nos pères victorieux dans toutes les capitales de l'Europe ; il y a promené notre civilisation, et si la France conserve encore son auréole aux yeux de l'étranger, malgré la turpitude du pouvoir, elle le doit autant au génie libéral et au courage civique de ses enfants qu'à la valeur de ses armes ; nous nous rallierons tous sous le glorieux drapeau de la France. (Vifs applaudissements.)

» *Au courage civique,* qui enfante les grandes choses, sans lequel il n'y a pas de véritable indépendance pour les citoyens, pas de véritable grandeur pour les peuples! » (Bravo! bravo!)

M. *Martin*, avoué, monte à la tribune, et s'exprime ainsi :

A la France régénérée!

« Messieurs,

» A cette France qui, après un demi-siècle de despotisme et d'hypocrisie, de corruption et de honte, veut enfin ouvrir l'ère de la liberté. (Bravo!)

» Et pourtant que cette France était belle au soleil de Juillet!...

» Quelle place dans le présent!...

» Quelle place dans l'avenir!...

» Royauté populaire...., souveraineté nationale, affranchissement des peuples, protection et liberté pour tous !...

» Comme alors les cœurs bondissaient d'espérance et de joie!...

» Mais depuis !...,..

» *Fils de la Liberté, tu détrônas ta mère!...*

» Muse de l'histoire, voile-nous ces tristes pages, ne redis pas ces illusions détruites, ces promesses éphémères !...

» Disparaissez, lois liberticides, armes de la corruption, soutiens de la peur ! (Applaudissements!)

» Ne vous réveillez pas, spectres de la Belgique, de l'Italie et de la Suisse, de la Pologne et de la Gallicie !...

» Vous me feriez maudire ma patrie, mais non..., non... ; apparaissez, libertés saintes, réveillez-vous, peuples opprimés ; il vient..., il est proche, le jour qui va *prouver que* peuples et libertés ne meurent jamais. (Bravo!)

» Et déjà... Gloire et salut à toi, ô Pontife romain ! des voix plus éloquentes viennent à l'instant de célébrer tes louanges. Souviens-toi que l'Italie est la terre des Gracques, et l'évangile le code de l'égalité.

» Si la France renégate te proscrit, les Français t'applaudissent...

» Ne serions-nous plus les fils de nos pères !... Leur grande âme serait-elle descendue avec eux dans la tombe! Oh! non; témoin cette réunion imposante ; comme eux, c'est la voix de l'honneur, c'est l'honneur de la patrie qui nous rassemble !... Comme eux, nous voulons mettre sur nos drapeaux, et prendre pour devise ces trois mots sacrés... : *liberté, égalité, fraternité.* (Applaudissements!)

» Aidons-nous donc, et le ciel nous aidera. Sauvons notre pays, malgré lui s'il le faut ; la lumière se fait ; que la justice se fasse, car le peuple le veut, et Dieu protége la France !..... (Bravo!) »

— 36 —

M. *Delacroix*, officier de la garde nationale de Chartres, porte un toast *à la garde nationale*.

M. *Damars*, lieutenant-colonel de la garde nationale de Chartres, répond à ce toast par les quelques paroles qui suivent :

« Messieurs,

» Je m'associe de grand cœur à ce toast.

» La garde nationale est une précieuse conquête de nos deux glorieuses révolutions ; elle n'est pas seulement armée pour la défense du territoire, elle est aussi instituée pour le maintien de l'ordre et de la liberté. Elle sera toujours fidèle au mandat sacré confié à son patriotisme et à son courage. (Applaudissements !) »

« *A la garde nationale!* »

Enfin M. *Ray*, au nom du doyen des gardes nationaux de 1789, qui assiste, comme nous l'avons dit, au banquet, porte un toast *à l'institution de la garde nationale italienne*.

M. *Isambert*, président, se lève :

« Messieurs, dit-il, j'ai à remercier cette imposante assemblée de l'ordre parfait qui a régné dans son sein ; je vais clore ce banquet par un dernier toast :

« *A la souveraineté nationale et aux institutions constitutionnelles de la France !* (Vifs applaudissements !) »

Chartres. — Imprimerie de Félix DURAND.

www.ingramcontent.com/pod-product-compliance
Lightning Source LLC
Chambersburg PA
CBHW061012050426
42453CB00009B/1399